PETITS CLASSIQUES

LAR

Collection fondée par

D0559161

Le Jeu de l'amour et du hasard

MARIVAUX

comédie

Édition présentée,
annotée et commentée
par
Marie CARTIER
Ancienne élève
de l'E.N.S. de Paris
Agrégée de Lettres modernes
et
Hélène SIBELLE
Diplômée d'Études théâtrales

www.petitsclassiques.com

SOMMAIRE

Avant d'aborder le texte

Le Jeu de l'amour et du hasard
MARIVAUX

Comment lire l'œuvre

Avant d'aborder le texte

Le Jeu de l'amour et du hasard

Genre : comédie.

Auteur : Marivaux.

Structure : trois actes. L'acte I comprend neuf scènes (dix selon d'autres éditions) ; l'acte II, treize ; l'acte III, neuf.

Principaux personnages : Monsieur Orgon, père de Silvia ; Mario, frère de Silvia ; Silvia ; Dorante, fils d'un ami de Monsieur Orgon et prétendant de Silvia ; Lisette, femme de chambre de Silvia ; Arlequin, valet de Dorante.

Sujet : Silvia, redoutant de se marier avec Dorante que son père, Monsieur Orgon, a choisi pour elle, décide avec l'accord de ce dernier d'échanger son habit avec Lisette, afin, sous ce déguisement, de mieux connaître son prétendant. Mais elle ignore que de son côté, Dorante a eu la même idée. Il se présente chez Monsieur Orgon sous le personnage d'un valet nommé Bourguignon, alors qu'Arlequin, son domestique, a pris sa place. Deux intrigues parallèles se nouent alors sous l'œil amusé de Monsieur Orgon et de son fils Mario, tous deux informés de ce double travestissement : Silvia et Dorante sont confrontés à la naissance d'un amour réciproque et aux préjugés sociaux qui leur interdisent d'épouser une personne d'un rang social inférieur, tandis que Lisette et Arlequin voient dans cette situation l'occasion d'un mariage qui leur permettrait de gravir l'échelon social. Les aveux progressifs feront tomber les masques, mais lorsque Dorante révèle sa véritable identité à Silvia, celle-ci décide de prolonger le jeu : c'est sous son habit de soubrette qu'elle souhaite se voir offrir le mariage afin d'éprouver l'amour de Dorante. La pièce ne s'achèvera pas sans le triomphe de Silvia.

Première représentation : 23 janvier 1730 par les comédiens-italiens.

Arlequin - Thomassin et Silvia.
Gravure de Laurent Cars (1699-1771), d'après Nicolas Lancret (1690-1743).
Bibliothèque de l'Arsenal (fonds Rondel), Paris.

MARIVAUX
(1688-1763)

1688

Pierre Carlet de Chamblin, qui ne prendra le nom de Marivaux qu'en 1717, naît à Paris le 4 février 1688. Fonctionnaire de l'administration de la marine, son père, Nicolas Carlet, demeure en Allemagne où il est employé comme « trésorier des vivres » dans l'armée. Sa mère, Marie Bullet, est la sœur de Pierre Bullet, l'« architecte des bâtiments du roi ».

1698

Nicolas Carlet achète l'office de « contrôleur contre-garde » de la Monnaie de Riom, dont il deviendra directeur en 1704. Venu rejoindre son père dont il avait été séparé jusqu'alors, le jeune Carlet suit des études latines au collège des Oratoriens.

1710-1716

Inscrit à l'École de droit de Paris, le futur Marivaux délaisse vite les cours pour se consacrer à la littérature. Il publie en 1712, à Paris et à Limoges, sa première pièce : *Le Père prudent et équitable*. Au cours de la même année, il entreprend et achève la rédaction de plusieurs romans : *Les Effets surprenants de la sympathie* et *La Voiture embourbée* (parus en 1713 et 1714), puis *Pharsamon ou les Nouvelles Folies romanesques* (publié en 1737).

Lié avec La Motte et Fontenelle, le jeune homme s'engage aux côtés des Modernes, dans leur opposition aux Anciens, admirateurs et disciples d'Homère. Il compose en 1714 le *Télémaque travesti* (qui ne paraîtra qu'en 1736) et publie en 1716 l'*Homère travesti ou l'Iliade en vers burlesques*. Signées pour la première fois « Carlet de Marivaux », ces deux parodies révèlent déjà les préoccupations sociales de leur auteur.

1717

Marivaux épouse Colombe Bollogne, orpheline de bonne famille née à Sens en 1683. D'août 1717 à août 1718, *Le Nouveau Mercure*, organe du groupe des Modernes, publie ses *Lettres sur les habitants de Paris*, réflexions sur le peuple, les bourgeois, la société mondaine.

1719

Naissance de sa fille, Colombe-Prospère, et mort de son père, dont il sollicite la charge. Sa requête n'est pas acceptée. De novembre 1719 à avril 1720, *Le Nouveau Mercure* publie ses *Lettres contenant une aventure*.

1720

Marivaux entre en collaboration avec les comédiens du Théâtre-Italien : si *L'Amour et la Vérité* n'est représentée qu'une seule fois en mars, *Arlequin poli par l'amour* remporte en revanche un vif succès en octobre. En décembre, sa tragédie, *La Mort d'Annibal*, échoue au Théâtre-Français (trois représentations).

Brusquement plongé dans de graves difficultés financières (la banqueroute de Law a anéanti la dot de sa femme), Marivaux est contraint de se réinscrire à la faculté de droit.

1721-1725

Reçu à la licence de droit en septembre 1721, Marivaux choisit de diversifier ses activités : il lance en juillet *Le Spectateur français*, périodique d'observation et de réflexion inspiré du *Spectator* des Anglais Steele et Addison (vingt-cinq feuilles au total paraissent jusqu'en 1724). Bientôt, de nouvelles créations assoient définitivement sa réputation de dramaturge :

La Surprise de l'Amour (1722), *La Double Inconstance* (1723) et *La Fausse Suivante* (1724) sont jouées avec succès par les comédiens-italiens ; *Le Dénouement imprévu* (1724) ne réussit guère au Théâtre-Français. En 1725, le triomphe de *L'Île des esclaves* est une véritable consécration : créée le 5 mars au Théâtre-Italien, la pièce connaît vingt et une représentations avant d'être jouée devant la cour le 13 et finalement publiée en avril. En août, l'accueil de *L'Héritier de village* est beaucoup moins enthousiaste.

Marivaux est veuf, depuis 1723 ou 1724.

1726-1730

Tandis que *La Surprise de l'Amour*, *La Double Inconstance* et *L'Île des esclaves* sont reprises à la cour, Marivaux commence en 1726 la rédaction de son roman, *La Vie de Marianne ou les Aventures de Madame la Comtesse de...*, dont la publication s'échelonnera sur près de dix ans, entre 1731 et 1742. De mars à juillet 1727, Marivaux fait publier les sept feuilles d'un nouveau journal, *L'Indigent Philosophe*. En septembre, une nouvelle comédie, *L'Île de la Raison*, échoue devant le public du Théâtre-Français, qui boude également *La Seconde Surprise de l'Amour* en décembre. *La Nouvelle Colonie ou la Ligue des femmes* reprend en 1729 le thème de l'« île utopique ». Créée au Théâtre-Italien, cette pièce n'est plus connue aujourd'hui que par un résumé du *Nouveau Mercure* et sa version en un acte publiée en 1750.

Enfin, grâce au *Jeu de l'amour et du hasard*, présentée par les Italiens, Marivaux renoue avec le succès en janvier 1730.

1731-1741

Marivaux le mondain continue de fréquenter les salons littéraires parisiens : celui de Madame de Lambert d'abord, puis celui de Madame de Tencin, et bientôt celui de Madame Geoffrin.

Marivaux journaliste crée en 1734 un troisième périodique : *Le Cabinet du philosophe* (onze feuilles, publiées de janvier à avril). Le romancier lui aussi travaille de plus en plus : à la publication des deux premières parties de *La Vie de*

Marianne s'ajoute celle, en 1734 et 1735, des cinq livres du *Paysan parvenu*.

Enfin, malgré les attaques de son concurrent Voltaire dans *Le Temple du goût* (1733), l'homme de théâtre s'affirme comme l'auteur le plus doué et le plus productif de son époque : *Le Triomphe de l'amour* et *Les Serments indiscrets* (1732), *L'Heureux Stratagème* (1733), *La Méprise* et *Le Petit-Maître corrigé* (1734), *La Mère confidente* (1735), *Le Legs* (1736), *Les Fausses Confidences* (1737), *La Joie imprévue* (1738), *Les Sincères* (1739), *L'Épreuve* (1740), *La Commère* (1741).

1742-1745

En 1742, Marivaux retouche *Narcisse*, comédie de Jean-Jacques Rousseau. Il est élu (avant Voltaire) à l'Académie française, dont il devient un membre assidu, proposant régulièrement à partir de 1744 des lectures publiques de ses « réflexions », sur des sujets philosophiques, moraux et littéraires.

Protégée du duc d'Orléans, Colombe-Prospère de Marivaux entre au couvent en 1745. Elle y mourra en 1788.

1746-1757

Après l'échec de *La Dispute*, retirée du Théâtre-Français dès la première représentation en 1744, Marivaux ne compose plus que quelques comédies et écrits de réflexion : *Le Préjugé vaincu* atteint sept représentations au Français en 1746 ; une traduction de pièces de Marivaux est publiée en Allemagne, à Hanovre, en 1747 ; la même année, *Le Mercure* publie *L'Éducation d'un prince*, dialogue politique. En 1755, à la cour de Gotha, le duc de Weimar tient le rôle d'Iphicrate dans *L'Île des esclaves*. On crée *La Femme fidèle* en août, sur un théâtre privé. *Le Mercure* de mars 1757 publie *Félicie*. *Le Conservateur* de novembre fait paraître *Les Acteurs de bonne foi* et annonce *La Provinciale* (publiée par *Le Mercure* en 1761).

1758

Le 20 janvier, Marivaux, malade, rédige son testament.

1763

Il meurt le 12 février, rue de Richelieu, sans aucune fortune.

Contexte historique et social

On ne saurait séparer *Le Jeu de l'amour et du hasard* de son contexte historique et social, tant le théâtre de Marivaux est ancré dans l'histoire de la première moitié du XVIIIe siècle. Marivaux écrit *Le Jeu de l'amour et du hasard* peu après la Régence de Philippe d'Orléans, qui avait succédé à Louis XIV, mort en 1715, au début du règne de Louis XV. Cette période inaugure une ère nouvelle, qui voit une évolution considérable de l'économie, de la société et des mentalités, et mènera à la Révolution française.

D'un règne à l'autre

Les dernières années du règne de Louis XIV sont marquées par une période de déclin. Outre les persécutions religieuses contre les protestants et les jansénistes qui se multiplient, le pays est décimé par les famines et les épidémies, et écrasé par le poids des impôts nécessaires à l'effort de guerre. En effet, des conflits opposent la France à des coalitions européennes menées par l'Autriche et l'Angleterre, pour la prééminence en Europe, mais surtout pour la maîtrise des empires coloniaux. La guerre de la Ligue d'Augsbourg (1688-1697) et celle de la Succession d'Espagne (1701-1714) entraînent le déclin de l'impérialisme français. Toutefois, grâce au commerce avec l'Orient et l'Amérique, une nouvelle classe de négociants commence à émerger, qui conteste à la noblesse abaissée par Louis XIV sa suprématie sociale.

La Régence de Philippe d'Orléans (1715-1723) redonne leurs libertés et leurs prérogatives aux aristocrates, longtemps tenus à l'écart des responsabilités. C'est une période fastueuse empreinte de libertinage dont témoignent les peintures de Watteau. Mais l'édifice politique et social se lézarde, l'État doit lutter contre les ambitions de l'aristocratie parlementaire qui revendique le partage du pouvoir. L'absolutisme monarchique s'impose de nouveau à partir de 1718. D'autre part, le système inventé par le contrôleur général Law, fondé sur l'émission du papier-monnaie, suscite en 1720 une inflation immodérée, qui, si elle permet d'abord l'édification de fortunes rapides, est suivie d'une banqueroute catastrophique et de nombreuses ruines, dont celle de Marivaux.

Louis XV règne à partir de 1723, et sous le ministère du cardinal Fleury (1726-1743) le pays retrouve une paix et une prospérité relatives. Si les guerres se poursuivent en Europe (guerres de Succession de Pologne et d'Autriche), le territoire français est épargné. La fin des grandes épidémies et des famines, les quelques progrès médicaux faisant reculer la mortalité infantile, entraînent une augmentation de la population : la France est alors le pays le plus peuplé d'Europe occidentale. L'espérance de vie passe de 21 à 27 ans. L'agriculture progresse grâce à la suppression de la jachère et au développement de cultures nouvelles (maïs et pommes de terre), ainsi que l'industrie. Les secousses provoquées par le système Law se sont estompées et cette innovation se révèle même bénéfique parce qu'elle facilite les transactions financières. Toutefois, le changement du rapport à l'argent qui s'instaure fait naître dans l'esprit du temps l'idée d'une instabilité de la fortune. D'autre part, c'est essentiellement à la bourgeoisie que profite l'essor du commerce. Ces transformations profondes de l'économie vont avoir une incidence sur le tissu social.

Les transformations sociales

La société héritée de l'Ancien Régime est fondée sur une hiérarchie extrêmement rigide. Elle s'organise en trois ordres, le clergé, la noblesse et le tiers état. Cette distinction se fonde sur la naissance. La noblesse représente environ 2 % de la population française et détient le pouvoir politique et judiciaire. Au début du XVIIIᵉ siècle, la noblesse s'appauvrit parce qu'elle ne peut travailler sans déroger et profite donc peu de l'essor du commerce et de l'industrie. La bourgeoisie devient assez forte pour contester peu à peu à cette aristocratie déclinante son rôle de classe dominante. Des rivalités apparaissent qui remettent en question l'ordonnancement de la société, ce dont témoigne l'œuvre de Marivaux avec ses comédies sociales comme *L'Île des esclaves* (1725). Sur une île grecque, des valets se sont révoltés contre leurs maîtres et ont pris leur place. Ils leur infligent les humiliations liées à la condition de domestique. Les maîtres retrouveront toutefois leur rang lorsqu'ils auront pris conscience de ce qu'ils font subir à leurs valets. Dans *Le Jeu de l'amour et du hasard*, le double travestissement permet également aux valets de se moquer de leurs maîtres, mais une fois les masques tombés, chacun retourne à sa place. Marivaux, en effet, ne cherche pas à renverser l'ordre social. En révélant les métamorphoses qui s'opèrent, il cherche simplement à aller vers plus d'harmonie. Les personnages du *Jeu de l'amour et du hasard* appartiennent à cette haute bourgeoisie qui partage encore les valeurs de l'aristocratie, à savoir le rang, la naissance et la fortune, d'où l'importance que revêt le mariage.

Mariage et émancipation féminine

Jusqu'au début du XVIIIᵉ siècle, les mariages étaient encore réglés par les convenances et par les intérêts, il s'agissait d'assurer le maintien du nom, de l'héritage économique et culturel. On ne se mariait qu'entre gens du même monde, et c'était aux parents, notamment au père, que revenait le choix du futur conjoint. La domination masculine était écrasante, les filles obéissaient à leur père avant de tomber sous la tutelle de leur mari. Marivaux témoigne de cette situation dans *La Nouvelle Colonie ou la Ligue des femmes*, jouée en 1729, où les femmes se sont révoltées contre les hommes et revendiquent la participation au pouvoir politique. Dans cette première moitié du XVIIIᵉ siècle, en effet, les thèses des Précieuses commencent à porter leurs fruits et les femmes aspirent à plus de dignité, voulant profiter d'une meilleure éducation et d'une plus grande liberté. Les parents commencent à rechercher l'assentiment des enfants avant de conclure le mariage, on passe du mariage de convenance au mariage d'inclination. C'est le cas dans *Le Jeu de l'amour et du hasard,* où Monsieur Orgon, en autorisant le stratagème de sa fille afin de lui permettre de mieux observer son prétendant, incarne la figure du père bienveillant et compréhensif, appartenant à son temps.

Contexte culturel et littéraire

La Régence de Philippe d'Orléans est une période d'effervescence intellectuelle et d'émancipation morale. Intellectuels et artistes se côtoient dans les cafés et les salons qui se créent, comme ceux de Mesdames de Lambert et du Deffand que fréquente Marivaux, et où se forme l'esprit nouveau.

L'esprit nouveau

En 1721, paraissent les *Lettres persanes* de Montesquieu qui critiquent l'absolutisme royal et le fanatisme religieux. Philippe d'Orléans se montre tolérant et les persécutions religieuses disparaissent. Les écrivains-philosophes des Lumières ont observé et favorisé la métamorphose de la société. Ce mouvement se caractérise par une confiance en la raison et une foi dans le progrès. Marivaux se pose moins en réformateur de la société qu'en moraliste. Il participe toutefois à la remise en cause de l'ordre intellectuel clos et stable du classicisme initiée par les Modernes. En effet, la querelle allumée au XVIIe siècle par Charles Perrault et Fontenelle (*Digression sur les Anciens et les Modernes,* 1688) n'est pas éteinte. Récusant l'idéal classique qui prône l'imitation et le respect des règles édictées par les auteurs de l'Antiquité, les Modernes, partisans d'un art nouveau, ouvrent la voie à une nouvelle esthétique. Marivaux participe à ce renouvellement des formes qui apparaît dans les domaines du roman et du théâtre.

Renouvellement des genres théâtraux

Au début du XVIIIe siècle, la tragédie est en déclin, l'émotion tragique laisse place au pathétique. L'inspiration d'essence religieuse ou mythologique a tendance à disparaître au profit de sujets plus historiques et plus proches dans le temps. Le théâtre s'oriente vers le drame avec Crébillon.

Dans le domaine de la comédie, l'étude des mœurs et des caractères se nourrit de l'observation des conditions et des comportements sociaux. Les figures féminines acquièrent de l'importance, notamment à cause de l'influence de la comédie italienne. Les pièces, parfois courtes, ne sont plus écrites en vers, mais en prose comme celles de Dancourt, Lesage, Regnard, et empruntent leurs sujets à l'actualité économique, politique et sociale.

Marivaux peint également les caractères, mais il inaugure surtout ce qu'on a appelé la comédie de sentiment, s'attachant davantage à l'analyse de la naissance et de la surprise de l'amour. Son théâtre se caractérise aussi par une recherche constante sur le langage, mêlant naturel et préciosité.

Le théâtre au temps de Marivaux

Le théâtre est au début du XVIIIe siècle un divertissement très apprécié du public. De nombreuses pièces sont représentées à la Comédie-Française créée en 1680 par le regroupement des troupes de Molière, du Marais et celle de l'Hôtel de Bourgogne, ainsi qu'à l'Opéra, installé dans une salle du Palais-Royal, et dans quelques théâtres privés. Malgré cette reconnaissance officielle, les comédiens connaissent des conditions professionnelles toujours difficiles. Les salles sont exiguës, le public agité. Une troupe peut se voir privée à tout instant de sa salle ou même de l'autorisation de jouer. Ainsi, les comédiens-italiens avaient été expulsés en 1697 par Louis XIV pour avoir déplu à Madame de Maintenon en jouant *La Fausse Prude*. Les comédiens se heurtent également à l'hostilité de l'Église qui les menace d'excommunication. À côté des théâtres officiels, le théâtre de la Foire s'installe au nord de Paris de fin juin à fin septembre, et à Saint-Germain-des-Prés, de février à avril. Il offre des spectacles de pantomime, de marionnettes, de parodies et de saynètes satiriques. La salle est en plein air, des tréteaux font office de scène et les décors sont de simples toiles peintes. En l'absence des Italiens, il s'impose comme seul théâtre populaire. Jalousé par la Comédie-Française et l'Opéra, le théâtre de la

Foire est frappé de multiples interdictions, dont celles de parler et de chanter. Ses membres créeront l'Opéra-Comique en 1760 et seront rejoints par les comédiens-italiens.

Les comédiens-italiens

En 1716, le Régent fait venir à Paris une nouvelle troupe italienne, dirigée par Luigi Riccoboni. Elle s'installe d'abord dans la salle du Palais-Royal en donnant *L'Heureuse Surprise*, comédie inaugurale, puis investit l'Hôtel de Bourgogne. Ces comédiens-italiens proposent dans les années 1720 un nouveau répertoire français dont font partie les œuvres de Marivaux. Ils obtiennent un très grand succès auprès du public. Chaque acteur joue toujours le même rôle (Pantalon, Arlequin, Colombine) et porte le costume traditionnel de la commedia dell'arte : costume blanc de Pierrot, losanges bariolés et masque noir et velu d'Arlequin, par exemple. Les comédiens perpétuent la tradition en improvisant largement sur un « canevas » ou un scénario affiché dans les coulisses. Contrairement à celui de la Comédie-Française, leur jeu est collectif. Les acteurs italiens jouent en fonction des autres, avec une très grande écoute. Leur place sur scène, leurs déplacements, leurs improvisations gestuelles et verbales, toujours comiques (lazzi), sont codifiés comme pour une chorégraphie. Conscients de jouer, ils ne recherchent pas le naturel, n'essaient pas de faire croire à la vraisemblance du personnage ou de la situation, mais en soulignent la convention et en accentuent la théâtralité. En 1760, les Italiens en perte de vitesse fusionnent avec l'Opéra-Comique et aborderont le drame.

L'influence des Italiens, relayés par les forains, fut considérable sur le jeu et sur le répertoire français de Molière à Marivaux. Les types de la commedia dell'arte, devenus nationaux, ont inspiré poètes et artistes.

Vie	Œuvres
1688 Naissance de Pierre Carlet de Chamberlain de Marivaux à Paris (4 février).	
1698 Installation à Riom.	
1710 Inscription à l'École de droit à Paris. Amitié avec Fontenelle. Fréquentation des salons.	
1712 Débuts littéraires.	**1712** *Le Père prudent et équitable.*
	1714 *La Voiture embourbée* (roman parodique).
	1716 *L'Homère travesti* (poème burlesque).

ÉVÉNEMENTS CULTURELS ET ARTISTIQUES	ÉVÉNEMENTS HISTORIQUES ET POLITIQUES
1688 La Bruyère, *Les Caractères*.	**1688** Guerre de la Ligue d'Augsbourg.
1689 Fondation du *Café Procope*. **1694** Naissance de Voltaire. **1696** Regnard, *Le Joueur*.	
1699 Mort de Racine. Fénelon, *Télémaque*.	
	1701 Guerre de Succession d'Espagne.
1704 Regnard, *Les Folies amoureuses*. **1707** Regnard, *Le Diable boiteux*. Lesage, *Crispin, rival de son maître*. **1708** Regnard, *Le Légataire universel*. **1709** Lesage, *Turcaret*.	
1712 Naissance de Rousseau. **1713** Naissance de Diderot. Couperin, *Pièces pour clavecin*. **1714** Fénelon, *Lettres à l'Académie*.	**1713** Traité d'Utrecht.
1715 Houdard de La Motte, *Réflexions sur la critique*. **1716** Rappel des comédiens-italiens par le Régent.	**1715** Mort de Louis XIV. Début de la Régence de Philippe d'Orléans. **1716** Système financier de Law, qui fonde la Banque Générale.

Vie	Œuvres
1717 Mariage avec Colombe Bollogne. Débuts dans le journalisme, au *Mercure*. **1719** Naissance de sa fille. **1720** Ruine de Marivaux.	**1720** *Arlequin poli par l'amour*.
1721 Fonde un journal : *Le Spectateur français*.	
	1722 *La Surprise de l'amour*. **1723** *La Double Inconstance*.
1724 Mort de sa femme.	**1724** *Le Prince travesti. La Fausse Suivante. Le Dénouement imprévu*.
1727 Fonde un journal : *L'Indigent Philosophe*.	**1727** *L'Île de la raison. La Seconde Surprise de l'amour*. **1728** *Le Triomphe de Plutus*. **1729** *La Nouvelle Colonie*. **1730** *Le Jeu de l'amour et du hasard*. **1732** *Le Triomphe de l'amour. Les Serments indiscrets. L'École des mères*. **1733** *L'Heureux Stratagème*.
1734 Fonde un nouveau journal : *Le Cabinet du philosophe*.	**1734** *La Méprise. Le Petit-Maître corrigé*.

ÉVÉNEMENTS CULTURELS ET ARTISTIQUES	ÉVÉNEMENTS HISTORIQUES ET POLITIQUES
1717 Watteau, *L'Embarquement pour Cythère*.	
1720 Traduction de *Robinson Crusoé* de Daniel Defoe. **1721** Montesquieu, *Lettres persanes*. Watteau, *L'Enseigne de Gersaint*. **1722** Rameau, *Traité de l'harmonie*.	**1720** Effondrement du système de Law.
	1723 Règne de Louis XV. **1724** Fondation de la Bourse au palais Brongniart. **1726** Début du ministère Fleury.
1727 Traduction des *Voyages de Gulliver* de Swift. **1728** Voltaire, *La Henriade*. **1729** Traduction du *Paradis perdu* de Milton. **1730** Ouverture du salon de Madame du Deffand. **1731** Abbé Prévost, *Manon Lescaut*. Voltaire, *Histoire de Charles XII*. **1732** Naissance de Beaumarchais.	**1729** Traité de Séville entre l'Angleterre et l'Espagne.
1734 Voltaire, *Lettres philosophiques*. Boucher, série de trente-trois dessins pour Molière.	**1733** Guerre de Succession de Pologne.

Vie	Œuvres
	1735 *La Mère confidente. Le Paysan parvenu* (roman).
	1736 *Le Legs.*
	1737 *Les Fausses Confidences.* **1738** *La Joie imprévue.* **1739** *Les Sincères.* **1740** *L'Épreuve.*
	1741 *La Vie de Marianne* (roman).
1742 Élection à l'Académie française (contre Voltaire).	
	1744 *La Dispute.* **1746** *Le Préjugé vaincu.* **1748** *Réflexions sur l'esprit humain.* **1749** *Réflexions sur Corneille et Racine.*
1763 Mort de Marivaux.	

ÉVÉNEMENTS CULTURELS ET ARTISTIQUES	ÉVÉNEMENTS HISTORIQUES ET POLITIQUES
1735 Montesquieu, *Considérations sur les causes de la grandeur et de la décadence des Romains*. Nivelle de la Chaussée, *Le Préjugé à la mode*. **1736** Crébillon fils, *Les Égarements du cœur et de l'esprit*. Voltaire, *Le Mondain*. **1738** Voltaire, *Mérope*. **1739** Chardin, *La Pourvoyeuse*. **1740** Boucher, *Le Triomphe de Vénus*. Chardin, *Le Bénédicité*. **1741** Rameau, *Pièces pour clavecin*. **1742** Abbé Prévost, traduction de *Pamela* de Richardson. **1744** Boucher décore l'Opéra. **1748** Montesquieu, *De l'Esprit des lois*. **1749** Diderot, *Lettre sur les aveugles*. **1752** Voltaire, *Micromégas*. **1755** Rousseau, *Discours sur l'origine de l'inégalité*. **1757** Diderot, *Le Fils naturel*. **1758** Diderot, *Le Père de famille*. **1759** Voltaire, *Candide*. **1761** Rousseau, *La Nouvelle Héloïse*. Les comédiens-italiens fusionnent avec l'Opéra-Comique.	**1741** Guerre de Succession d'Autriche. **1744** Guerre coloniale avec l'Angleterre. **1756** Guerre de Sept Ans.

Les sources

Le Jeu de l'amour et du hasard concilie le style de jeu des Italiens et une problématique historique et mimétique du début du XVIIIe siècle. Si Marivaux, en Moderne, se distingue de la comédie classique, il emprunte aussi beaucoup aux comédies du début du XVIIIe.

Les comédies du XVIIIe et l'influence italienne

Le canevas rappelle une comédie jouée par les Italiens (déguisement, présence d'Arlequin, parallélisme des situations, procédés comiques comme les lazzi). Marivaux emprunte également aux plaisanteries de l'ancienne Comédie-Italienne ou du théâtre de la Foire. Ainsi l'expression « *fautes d'orthographe* » (acte II, scène 5) employée par Arlequin vient-elle de *La Matrone d'Ephèse*, de Fatouville (1628, reprise en 1718). De même la rime « *Arlequin/faquin* » (acte III, scène 6, l. 75-76) se trouvait déjà dans *L'Antre de Trophonius*, opéra-comique de Piron (1722) où Scaramouche et Arlequin s'amusaient à faire des vers. Mais c'est surtout le thème du déguisement qui témoigne de l'influence italienne.

En 1716, une adaptation du *Chien du jardinier* de Lope de Vega sous le titre *La Dame amoureuse par envie* est représentée chez les Italiens. C'est un jeu entre une comtesse, sa suivante et son secrétaire Théodore dont on apprend la véritable identité au dénouement : il est noble, ce qui autorise la comtesse à l'épouser. *L'Heureuse Surprise*, comédie inaugurale des Italiens, met en scène une princesse qui se fait passer pour sa cousine afin de pouvoir observer son prétendant. Les dramaturges du début du siècle avaient également été amenés à utiliser le travestissement. Le thème de l'échange entre maîtres et valets avait été traité par d'Orneval en 1716 dans *Arlequin, gentilhomme malgré lui*. Léandre, gentilhomme, envoie à sa place son valet Arlequin se présenter à la jeune fille qui lui est destinée, Isabelle. Comme l'Arlequin du *Jeu*, il se comporte grossièrement, sortant de sa poche un morceau de fromage au lieu de la lettre du père de Léandre, qu'il finit par tirer de son soulier, puis courtise Colombine, la suivante d'Isabelle. *L'Épreuve réciproque* d'Alain et Legrand (1711) se fonde sur le déguisement symétrique d'un valet et d'une suivante : avant de se marier, Valère et Philaminte demandent à leur laquais et à leur soubrette de se déguiser en financier et en comtesse afin d'aller séduire leur promis. *Le Galant coureur* de Marc Antoine Legrand (1722) met en scène la rencontre d'une jeune veuve, la comtesse, déguisée en suivante, et de son futur mari, déguisé en valet de pied. Dans *Le Portrait* de Beauchamp (1727), Silvia, redoutant et désirant tout à la fois l'amour, échange son rôle avec celui de sa suivante Colombine. Son père, aussi bon et compréhensif que Monsieur Orgon, peut avoir inspiré Marivaux. De plus, comme dans *Le Jeu de l'amour et du hasard*, la pièce débute par une conversation entre Silvia et Colombine à propos du mariage. Silvia exprimant son dégoût devant « *la scélératesse des hommes* », Colombine répond : « *Allez, Madame, il n'y en a point de si diables dont on ne vienne à bout.* » On peut également citer d'autres pièces de l'époque où le thème du double travestissement est présent, comme *Les Amants déguisés* d'Aunillon (1728). Une comtesse et sa suivante échangent leurs vêtements, tandis que le prétendant, un marquis, fait de même avec son valet Valentin. Le dénouement est identique à celui du *Jeu de l'amour et du hasard*, un double mariage, et la morale énoncée par Finette annonce le triomphe de l'amour sur l'amour-propre et les préjugés sociaux : « *Mais ils ont eu au moins cette obligation à leur déguisement d'être assurés du cœur de l'autre. Ce n'a été ni le rang, ni l'intérêt qui a donné naissance à leur passion.* »

Les comédies antérieures

Marivaux a également puisé dans ses comédies antérieures. Dès sa première comédie en 1712, *Le Père prudent et équitable*, il utilise le déguisement : un valet joue successivement les rôles d'un financier et d'une femme. Le thème de la naissance de l'amour apparaît en 1720 dans *Arlequin poli par l'amour* : l'amour naît entre le paysan Arlequin et la bergère Silvia, en dépit de l'intervention d'une fée qui veut séduire Arlequin. *La Surprise de l'amour* (1722) met en scène une jeune veuve, la comtesse, et un homme abandonné par sa maîtresse, Lélio. Bien qu'ils aient tous deux juré de ne plus s'aimer, ils s'éprennent l'un de l'autre et leurs sentiments sont encouragés par leurs valets, Colombine et Arlequin, qui se marient en même temps que leurs maîtres. Dans *La Double Inconstance* (1723), un prince veut se faire aimer pour lui-même et non à cause de ce qu'il représente. Il se déguise en officier du palais pour pouvoir approcher Silvia, une simple bourgeoise du village. En 1724, *La Fausse Suivante* met en scène une jeune fille déguisée en cavalier pour mieux connaître l'homme qui lui est destiné. Il y a également inversion des rôles entre maîtres et valets dans *Le Prince travesti* (1724) et *Le Triomphe de Plutus* (1728).

Enfin, si *Le Jeu de l'amour et du hasard* marque un retour à la comédie amoureuse, il conserve certains traits des pièces « sociales » des *Îles* en montrant la confrontation entre les conditions sociales et l'inégalité entre les sexes.

En rapportant *Le Jeu de l'amour et du hasard* à ses sources, on en mesure mieux l'originalité. Elle tient au fait que Silvia pousse le stratagème jusqu'à se faire épouser sous ses habits de suivante.

La création de la pièce

En 1730, Marivaux est un auteur reconnu. *Le Jeu de l'amour et du hasard* est la dixième pièce qu'il fait jouer à la Comédie-Italienne. Ayant rencontré le succès avec *La Surprise de l'amour, La Double Inconstance, Le Prince travesti* et *La Fausse Suivante,* il est à un moment décisif de l'évolution de sa dramaturgie, en pleine possession de son écriture dramatique. Ce qui lui permet d'unir harmonieusement une forme dramatique inspirée de la comédie italienne et un contenu reflétant la problématique du temps.

La pièce fut jouée avec, dans le rôle de Silvia, Silvia Baletti (les noms des personnages étaient souvent empruntés à ceux des acteurs dans la comédie italienne), l'actrice favorite de Marivaux qui jouait les rôles de « première amoureuse ». On vantait sa prononciation brève, son accent étranger, son art d'imiter les grâces bourgeoises et la vivacité de son geste propre au jeu de la Comédie-Italienne. Dorante était probablement interprété par Romagnesi, acteur et directeur, qui remplaçait Louis-André Riccoboni, dit Lélio, dans son rôle d'amoureux. Joseph Baletti, dit Mario, qui jouait plutôt des rôles comiques, interprétait celui du frère de Silvia. Arlequin était interprété par Thomas Vicentini, dit Thomassin, danseur, acteur et mime, titulaire du rôle. C'est Violette, épouse de Thomassin, jouant les rôles de suivante, ou Thérèse Lalande, qui interprétait Lisette.

Le public fit un bon accueil au *Jeu de l'amour et du hasard*. Créée le 23 janvier 1730, la pièce fut représentée quinze fois jusqu'au 25 février et également jouée à Versailles, où elle fut très appréciée. Elle fut reprise dès le mois de décembre de la même année, et par la suite jouée régulièrement. La critique, malgré le peu de journaux consacrés à la littérature et au théâtre à l'époque, fut plus réservée, dénonçant l'invraisemblance du déguisement d'Arlequin et surtout l'inconvenance de sa prétention à épouser une fille d'un rang social élevé (voir « Destin de l'œuvre », p. 178).

Marivaux à soixante-cinq ans.
Portrait par Louis-Michel Van Loo (1707-1771).
Comédie-Française, Paris.

Le Jeu de l'amour et du hasard

MARIVAUX

comédie

Jouée pour la première fois
le 23 janvier 1730
par les comédiens-italiens

Personnages

MONSIEUR ORGON.

MARIO.

SILVIA.

DORANTE.

LISETTE, *femme de chambre de Silvia.*

ARLEQUIN, *valet de Dorante.*

UN LAQUAIS.

_____

La scène est à Paris.

ACTE PREMIER

SCÈNE PREMIÈRE. SILVIA, LISETTE.

SILVIA. Mais encore une fois, de quoi vous mêlez-vous, pourquoi répondre de mes sentiments[1] ?

LISETTE. C'est que j'ai cru que, dans cette occasion-ci, vos sentiments ressembleraient à ceux de tout le monde ; Monsieur votre père me demande si vous êtes bien aise qu'il vous marie, si vous en avez quelque joie ; moi je lui réponds qu'oui ; cela va tout de suite[2] ; et il n'y a peut-être que vous de fille au monde, pour qui ce *oui*-là ne soit pas vrai ; le *non* n'est pas naturel.

SILVIA. Le *non* n'est pas naturel, quelle sotte naïveté ! le mariage aurait donc de grands charmes pour vous ?

LISETTE. Eh bien, c'est encore *oui*, par exemple.

SILVIA. Taisez-vous, allez répondre vos impertinences ailleurs, et sachez que ce n'est pas à vous à juger de mon cœur par le vôtre.

LISETTE. Mon cœur est fait comme celui de tout le monde ; de quoi le vôtre s'avise-t il de n'être fait comme celui de personne ?

SILVIA. Je vous dis que, si elle osait, elle m'appellerait une originale[3].

LISETTE. Si j'étais votre égale, nous verrions.

---

1. **Pourquoi répondre de mes sentiments :** pourquoi donner votre avis sur mes sentiments ?
2. **Cela va tout de suite :** cela va de soi.
3. **Originale :** folle, extravagante (langage précieux).

Silvia (Danièle Lebrun) et Lisette (Françoise Giret).
Adaptation télévisée réalisée par Marcel Bluwal, 1967.

SILVIA. Vous travaillez à me fâcher[1], Lisette.

LISETTE. Ce n'est pas mon dessein ; mais, dans le fond, voyons, quel mal ai-je fait de dire à Monsieur Orgon que
25 vous étiez bien aise d'être mariée ?

SILVIA. Premièrement, c'est que tu n'as pas dit vrai, je ne m'ennuie pas d'être fille[2].

LISETTE. Cela est encore tout neuf.

SILVIA. C'est qu'il n'est pas nécessaire que mon père croie
30 me faire tant de plaisir en me mariant, parce que cela le fait agir avec une confiance qui ne servira peut-être de rien.

---

1. **Vous travaillez à me fâcher** : vous faites tout pour me fâcher.
2. **Fille** : non mariée.

LISETTE. Quoi, vous n'épouserez pas celui qu'il vous destine ?

SILVIA. Que sais-je ? peut-être ne me conviendra-t-il point,
35 et cela m'inquiète.

LISETTE. On dit que votre futur est un des plus honnêtes[1]
du monde, qu'il est bien fait, aimable, de bonne mine, qu'on
ne peut pas avoir plus d'esprit, qu'on ne saurait être d'un
meilleur caractère ; que voulez-vous de plus ? Peut-on se figu-
40 rer de mariage plus doux ? d'union plus délicieuse ?

SILVIA. Délicieuse ! que tu es folle avec tes expressions !

LISETTE. Ma foi, Madame, c'est qu'il est heureux qu'un
amant[2] de cette espèce-là veuille se marier dans les formes ;
il n'y a presque point de fille, s'il lui faisait la cour, qui ne
45 fût en danger de l'épouser sans cérémonie ; aimable, bien fait,
voilà de quoi vivre pour l'amour[3] ; sociable et spirituel, voilà
pour l'entretien de la société[4] : pardi, tout en sera bon, dans
cet homme-là, l'utile et l'agréable, tout s'y trouve.

SILVIA. Oui, dans le portrait que tu en fais, et on dit qu'il y
50 ressemble, mais c'est un *on dit*, et je pourrais bien n'être pas
de ce sentiment-là, moi ; il est bel homme, dit-on, et c'est
presque tant pis.

LISETTE. Tant pis, tant pis, mais voilà une pensée bien
hétéroclite[5] !

55 SILVIA. C'est une pensée de très bon sens ; volontiers un bel
homme est fat[6], je l'ai remarqué.

LISETTE. Oh, il a tort d'être fat ; mais il a raison d'être beau.

---

1. **Honnêtes** : cultivés et agréables en société.
2. **Amant** : prétendant.
3. **Voilà de quoi vivre pour l'amour** : voilà qui permet d'entretenir l'amour.
4. **Voilà pour l'entretien de la société** : voilà qui facilite la vie en commun.
5. **Hétéroclite** : bizarre, singulière.
6. **Fat** : prétentieux.

SILVIA. On ajoute qu'il est bien fait ; passe.

LISETTE. Oui-da, cela est pardonnable.

60 SILVIA. De beauté, et de bonne mine, je l'en dispense, ce sont là des agréments superflus.

LISETTE. Vertuchoux[1] ! si je me marie jamais, ce superflu-là sera mon nécessaire.

SILVIA. Tu ne sais ce que tu dis ; dans le mariage, on a plus
65 souvent affaire à l'homme raisonnable qu'à l'aimable homme : en un mot, je ne lui demande qu'un bon caractère, et cela est plus difficile à trouver qu'on ne pense ; on loue beaucoup le sien, mais qui est-ce qui a vécu avec lui ? Ces hommes ne se contrefont-ils pas, surtout quand ils ont de
70 l'esprit ? n'en ai-je pas vu, moi, qui paraissaient, avec leurs amis, les meilleures gens du monde ? c'est la douceur, la raison, l'enjouement même, il n'y a pas jusqu'à leur physionomie qui ne soit garante de toutes les bonnes qualités qu'on leur trouve. Monsieur un tel a l'air d'un galant homme, d'un
75 homme bien raisonnable, disait-on tous les jours d'Ergaste ; Aussi l'est-il[2], répondait-on, je l'ai répondu moi-même, sa physionomie ne vous ment pas d'un mot. Oui, fiez-vous-y à cette physionomie si douce, si prévenante, qui disparaît un quart d'heure après pour faire place à un visage sombre, bru-
80 tal, farouche[3], qui devient l'effroi de toute une maison. Ergaste s'est marié, sa femme, ses enfants, son domestique[4], ne lui connaissent encore que ce visage-là, pendant qu'il pro-mène partout ailleurs cette physionomie si aimable que nous lui voyons, et qui n'est qu'un masque qu'il prend au sortir
85 de chez lui.

---

1. **Vertuchoux** : exclamation employée pour éviter de dire le juron « vertudieu ».
2. **Aussi l'est-il** : et il l'est.
3. **Farouche** : sauvage, insociable.
4. **Son domestique** : son personnel de maison.

LISETTE. Quel fantasque[1] avec ces deux visages !

SILVIA. N'est-on pas content de Léandre quand on le voit ?
Eh bien chez lui, c'est un homme qui ne dit mot, qui ne rit
ni qui ne gronde ; c'est une âme glacée, solitaire, inaccessible ;
90 sa femme ne la connaît point, n'a point de commerce[2] avec
elle, elle n'est mariée qu'avec une figure[3] qui sort d'un cabinet[4], qui vient à table, et qui fait expirer de langueur, de
froid et d'ennui tout ce qui l'environne ; n'est-ce pas là un
mari bien amusant ?

95 LISETTE. Je gèle au récit que vous m'en faites ; mais Tersandre, par exemple ?

SILVIA. Oui, Tersandre ! il venait l'autre jour de s'emporter
contre sa femme : j'arrive, on m'annonce, je vois un homme
qui vient à moi les bras ouverts, d'un air serein, dégagé, vous
100 auriez dit qu'il sortait de la conversation la plus badine ; sa
bouche et ses yeux riaient encore. Le fourbe ! Voilà ce que
c'est que les hommes : qui est-ce qui croit que sa femme est
à plaindre avec lui ? Je la trouvai toute[5] abattue, le teint
plombé[6], avec des yeux qui venaient de pleurer, je la trouvai
105 comme je serai peut-être, voilà mon portrait à venir, je vais
du moins risquer d'en être une copie. Elle me fit pitié, Lisette ;
si j'allais te faire pitié aussi ! Cela est terrible, qu'en dis-tu ?
songe à ce que c'est qu'un mari.

LISETTE. Un mari ? c'est un mari ; vous ne deviez pas finir
110 par ce mot-là, il me raccommode avec tout le reste.

---

1. **Fantasque** : personne bizarre, lunatique (adjectif ici substantivé).
2. **Commerce** : relation.
3. **Figure** : forme extérieure d'un corps.
4. **Cabinet** : pièce où l'on se retirait pour travailler, traiter des affaires, etc.
5. **Toute** : *tout* employé comme adverbe est ici accordé avec l'adjectif malgré les prescriptions des grammairiens depuis le XVIIe siècle (ce n'est plus l'usage aujourd'hui).
6. **Le teint plombé** : le teint livide.

REPÈRES

• En quoi s'agit-il d'une exposition *in medias res* (au cœur de l'action) ? Quelles sont les principales informations que nous délivre cette scène ? Où se déroule-t-elle ?

OBSERVATION

• Le thème du mariage est-il original dans une comédie ? L'obstacle que lui oppose Silvia est-il commun ? Citez des obstacles traditionnels aux projets de mariage dans la comédie classique.
• Quel est le système de valeurs de Silvia ?
• Quelle est la nature des relations entre Silvia et Lisette ?
• Par quels actes de langage (modalités des verbes, conjonctions de coordination, usage des pronoms personnels, vocabulaire) Silvia affirme-t-elle sa position de maîtresse ?
• En quoi leur conception du mariage s'oppose-t-elle ? À quoi Lisette fait-elle allusion dans sa réplique : « *Le* non *n'est pas naturel* » (l. 10) ?
• En quoi le portrait que Lisette dresse de Dorante correspond-il à l'idéal aristocratique (l. 36-39) ? Relevez les termes qu'elle emploie.
• En quoi Silvia incarne-t-elle la jeune fille inexpérimentée en amour ?
• Quelle est la fonction des portraits ? Étudiez leur structure et le champ lexical : quel est leur point commun ?
• Étudiez l'enchaînement du dialogue : comment fonctionne-t-il ?
• Quelle est la fonction des trois dernières répliques de Lisette ? À quoi tient leur caractère comique ?

INTERPRÉTATIONS

• Que nous apprend cette scène sur les conventions sociales de l'époque, notamment en ce qui concerne le mariage ?
• Lisette correspond-elle au type classique de la servante de comédie ?
• Étudiez la réplique de Silvia : « *Oui, dans le portrait [...] moi* » (l. 49-51). Entraînez-vous à la prononcer en dégageant différentes intonations.
• Quelle réplique de Lisette reprenant différemment un mot de Silvia semble annoncer la suite de l'action de manière allusive ?

SCÈNE 2. MONSIEUR ORGON, SILVIA, LISETTE.

MONSIEUR ORGON. Eh bonjour, ma fille. La nouvelle que je viens t'annoncer te fera-t-elle plaisir ? Ton prétendu[1] arrive aujourd'hui, son père me l'apprend par cette lettre-ci. Tu ne me réponds rien, tu me parais triste ? Lisette de son
5 côté baisse les yeux, qu'est-ce que cela signifie ? Parle donc toi, de quoi s'agit-il ?

LISETTE. Monsieur, un visage qui fait trembler, un autre qui fait mourir de froid, une âme gelée qui se tient à l'écart, et puis le portrait d'une femme qui a le visage abattu, un teint
10 plombé, des yeux bouffis et qui viennent de pleurer ; voilà, Monsieur, tout ce que nous considérons avec tant de recueillement.

MONSIEUR ORGON. Que veut dire ce galimatias[2] ? une âme, un portrait : explique-toi donc ! je n'y entends rien[3].

15 SILVIA. C'est que j'entretenais[4] Lisette du malheur d'une femme maltraitée par son mari, je lui citais celle de Tersandre, que je trouvai l'autre jour fort abattue, parce que son mari venait de la quereller, et je faisais là-dessus mes réflexions.

20 LISETTE. Oui, nous parlions d'une physionomie qui va et qui vient, nous disions qu'un mari porte un masque avec le monde, et une grimace avec sa femme.

MONSIEUR ORGON. De tout cela, ma fille, je comprends que le mariage t'alarme, d'autant plus que tu ne connais
25 point Dorante.

LISETTE. Premièrement, il est beau, et c'est presque tant pis.

---

1. **Prétendu** : promis, fiancé.
2. **Galimatias** : discours embrouillé, charabia.
3. **Je n'y entends rien** : je n'y comprends rien.
4. **J'entretenais** : je parlais à.

MONSIEUR ORGON. Tant pis ! rêves-tu avec ton tant pis ?

LISETTE. Moi, je dis ce qu'on m'apprend ; c'est la doctrine de Madame, j'étudie sous elle[1].

30 **MONSIEUR ORGON.** Allons, allons, il n'est pas question de tout cela ; tiens, ma chère enfant, tu sais combien je t'aime. Dorante vient pour t'épouser ; dans le dernier voyage que je fis en province, j'arrêtai[2] ce mariage-là avec son père, qui est mon intime et mon ancien ami, mais ce fut à condition que
35 vous vous plairiez à tous deux, et que vous auriez entière liberté de vous expliquer là-dessus ; je te défends toute complaisance à mon égard. Si Dorante ne te convient point, tu n'as qu'à le dire, et il repart ; si tu ne lui convenais pas, il repart de même.

40 **LISETTE.** Un *duo* de tendresse en décidera, comme à l'Opéra : Vous me voulez, je vous veux, vite un notaire ; ou bien : M'aimez-vous ? non ; ni moi non plus, vite à cheval.

MONSIEUR ORGON. Pour moi, je n'ai jamais vu Dorante, il était absent quand j'étais chez son père ; mais sur tout le bien
45 qu'on m'en a dit, je ne saurais craindre que vous vous remerciiez[3] ni l'un ni l'autre.

SILVIA. Je suis pénétrée de vos bontés, mon père, vous me défendez toute complaisance, et je vous obéirai.

MONSIEUR ORGON. Je te l'ordonne.

50 **SILVIA.** Mais si j'osais, je vous proposerais sur une idée qui me vient, de m'accorder une grâce qui me tranquilliserait tout à fait.

---

1. **J'étudie sous elle :** je suis son enseignement.
2. **J'arrêtai :** je décidai, je fixai.
3. **Que vous vous remerciiez :** que vous vous congédiiez.

MONSIEUR ORGON. Parle, si la chose est faisable je te l'accorde.

55 SILVIA. Elle est très faisable ; mais je crains que ce ne soit abuser de vos bontés.

MONSIEUR ORGON. Eh bien, abuse, va, dans ce monde, il faut être un peu trop bon pour l'être assez.

LISETTE. Il n'y a que le meilleur de tous les hommes qui 60 puisse dire cela.

MONSIEUR ORGON. Explique-toi, ma fille.

SILVIA. Dorante arrive ici aujourd'hui ; si je pouvais le voir, l'examiner un peu sans qu'il me connût ; Lisette a de l'esprit, Monsieur, elle pourrait prendre ma place pour un peu de 65 temps, et je prendrais la sienne.

MONSIEUR ORGON, *à part*. Son idée est plaisante. *Haut*. Laisse-moi rêver[1] un peu à ce que tu me dis là. *À part*. Si je la laisse faire, il doit arriver quelque chose de bien singulier, elle ne s'y attend pas elle-même... *Haut*. Soit, ma fille, je te 70 permets le déguisement. Es-tu bien sûre de soutenir[2] le tien, Lisette ?

LISETTE. Moi, Monsieur, vous savez qui je suis, essayez de m'en conter[3], et manquez de respect, si vous l'osez ; à cette contenance-ci[4], voilà un échantillon des bons airs avec les-75 quels je vous attends, qu'en dites-vous ? hem, retrouvez-vous Lisette ?

MONSIEUR ORGON. Comment donc, je m'y trompe actuellement moi-même ; mais il n'y a point de temps à perdre, va

---

1. **Rêver** : réfléchir.
2. **Soutenir** : assurer.
3. **M'en conter** : me faire la cour.
4. **À cette contenance-ci** : à une telle apparence.

t'ajuster[1] suivant ton rôle, Dorante peut nous surprendre,
80 hâtez-vous, et qu'on donne le mot à toute la maison.

SILVIA. Il ne me faut presque qu'un tablier.

LISETTE. Et moi je vais à ma toilette, venez m'y coiffer,
Lisette, pour vous accoutumer à vos fonctions ; un peu
d'attention à votre service, s'il vous plaît.

85 SILVIA. Vous serez contente, Marquise, marchons.

---

1. **T'ajuster :** t'habiller, te préparer.

Repères

• Que vient annoncer Monsieur Orgon à Silvia ?

Observation

• Qu'apprenons-nous du caractère de Monsieur Orgon? Quelle maxime, résumant l'essentiel de son caractère, prononce-t-il ?
• Quelle est la nature de ses relations avec sa fille ?
• Montrez que le burlesque de la scène tient à la reprise parodique par Lisette des propos de Silvia dans la scène précédente. Quelle réplique de Silvia reprend-elle presque mot à mot ? Comparez avec la scène 1 : que remarquez-vous dans les réponses qui y sont faites ?
• Quel est le stratagème imaginé par Silvia ? Dans quel but ?
• Quel est l'effet des apartés de Monsieur Orgon ?

Interprétations

• À quel type de cérémonie vous fait penser la description de la réplique de Lisette (l. 7-12) ?
• Imaginez les mimiques de Lisette pendant ses répliques parodiques des portraits.
• Le procédé imaginé par Silvia ne vous semble-t-il pas paradoxal, surtout après sa condamnation du masque trompeur des hommes mariés dans la scène 1 ?
• Vous paraît-il vraisemblable que Lisette prenne la place de Silvia ? Justifiez votre réponse.
• Imaginez les mouvements et les gestes de Silvia et Lisette lorsqu'elles sortent de scène.
• En quoi Monsieur Orgon est-il différent des pères de la comédie classique ? Comparez avec Argan dans *Le Malade imaginaire* ou Monsieur Jourdain dans *Le Bourgeois gentilhomme*.

SCÈNE 3. MARIO, MONSIEUR ORGON, SILVIA.

MARIO. Ma sœur, je te félicite de la nouvelle que j'apprends ; nous allons voir ton amant, dit-on.

SILVIA. Oui, mon frère ; mais je n'ai pas le temps de m'arrêter, j'ai des affaires sérieuses, et mon père vous les dira : je
5 vous quitte[1].

MONSIEUR ORGON. Ne l'amusez pas[2], Mario, venez, vous saurez de quoi il s'agit.

MARIO. Qu'y a-t-il de nouveau, Monsieur ?

MONSIEUR ORGON. Je commence par vous recommander
10 d'être discret sur ce que je vais vous dire, au moins.

MARIO. Je suivrai vos ordres.

MONSIEUR ORGON. Nous verrons Dorante aujourd'hui ; mais nous ne le verrons que déguisé.

MARIO. Déguisé ! viendra-t-il en partie de masque[3], lui
15 donnerez-vous le bal ?

MONSIEUR ORGON. Écoutez l'article[4] de la lettre du père. Hum... « Je ne sais au reste ce que vous penserez d'une imagination[5] qui est venue à mon fils ; elle est bizarre, il en convient lui-même, mais le motif en est pardonnable et même
20 délicat ; c'est qu'il m'a prié de lui permettre de n'arriver d'abord chez vous que sous la figure de son valet, qui de son côté fera le personnage de son maître. »

---

1. À partir de l'édition de 1736 commence ici une scène 4. Le découpage des scènes adopté ici est conforme à l'édition originale.
2. **Ne l'amusez pas** : ne lui faites pas perdre son temps.
3. **En partie de masque** : déguisé comme pour un bal masqué.
4. **Article** : passage.
5. **Imagination** : idée extravagante.

Monsieur Orgon et Mario, masqués en singes.
Mise en scène d'Alfredo Arias. Théâtre de la Commune, Aubervilliers, 1987.

MARIO. Ah, ah ! cela sera plaisant.

MONSIEUR ORGON. Écoutez le reste... « Mon fils sait
25 combien l'engagement qu'il va prendre est sérieux, et il
espère, dit-il, sous ce déguisement de peu de durée, saisir
quelques traits du caractère de notre future[1] et la mieux
connaître, pour se régler[2] ensuite sur ce qu'il doit faire, suivant la liberté que nous sommes convenus de leur laisser.
30 Pour moi, qui m'en fie bien à ce que vous m'avez dit de votre
aimable fille, j'ai consenti à tout en prenant la précaution de
vous avertir, quoiqu'il m'ait demandé le secret de votre
côté[3] ; vous en userez là-dessus avec la future comme vous
le jugerez à propos... » Voilà ce que le père m'écrit. Ce n'est
35 pas le tout, voici ce qui arrive ; c'est que votre sœur, inquiète

1. **Notre future :** notre future jeune mariée.
2. **Se régler :** prendre une décision.
3. **De votre côté :** en ce qui vous concerne.

de son côté sur le chapitre[1] de Dorante, dont elle ignore le secret, m'a demandé de jouer ici la même comédie, et cela précisément pour observer Dorante, comme Dorante veut l'observer. Qu'en dites-vous ? Savez-vous rien de plus parti-
40 culier[2] que cela ? Actuellement, la maîtresse et la suivante se travestissent. Que me conseillez-vous, Mario ? Avertirai-je votre sœur ou non ?

MARIO. Ma foi, Monsieur, puisque les choses prennent ce train-là, je ne voudrais pas les déranger, et je respecterais
45 l'idée qui leur est inspirée[3] à l'un et à l'autre ; il faudra bien qu'ils se parlent souvent tous deux sous ce déguisement, voyons si leur cœur ne les avertirait pas de ce qu'ils valent. Peut-être que Dorante prendra du goût pour ma sœur, toute soubrette qu'elle sera, et cela serait charmant pour elle.

50 MONSIEUR ORGON. Nous verrons un peu comment elle se tirera d'intrigue.

MARIO. C'est une aventure qui ne saurait manquer de nous divertir, je veux me trouver au début, et les agacer[4] tous deux.

SCÈNE 4. SILVIA, MONSIEUR ORGON, MARIO.

SILVIA. Me voilà, Monsieur, ai-je mauvaise grâce en femme de chambre ? et vous, mon frère, vous savez de quoi il s'agit apparemment, comment me trouvez-vous ?

MARIO. Ma foi, ma sœur, c'est autant de pris que le valet[5] ;
5 mais tu pourrais bien aussi escamoter Dorante à ta maîtresse.

---

1. **Sur le chapitre :** au sujet.
2. **Particulier :** étonnant.
3. **Qui leur est inspirée :** qui leur est venue.
4. **Agacer :** taquiner.
5. **C'est autant de pris que le valet :** c'est comme si le valet était déjà séduit (discours précieux).

SILVIA. Franchement, je ne haïrais pas de lui plaire sous le personnage que je joue, je ne serais pas fâchée de subjuguer sa raison, de l'étourdir un peu sur la distance[1] qu'il y aura de lui à moi ; si mes charmes font ce coup-là, ils me feront
10 plaisir, je les estimerai, d'ailleurs, cela m'aiderait à démêler[2] Dorante. À l'égard de son valet, je ne crains pas ses soupirs, ils n'oseront m'aborder, il y aura quelque chose dans ma physionomie qui inspirera plus de respect que d'amour à ce faquin[3]-là.

15 MARIO. Allons doucement, ma sœur, ce faquin-là sera votre égal.

MONSIEUR ORGON. Et ne manquera pas de t'aimer.

SILVIA. Eh bien, l'honneur de lui plaire ne me sera pas inutile ; les valets sont naturellement indiscrets, l'amour est
20 babillard[4], et j'en ferai l'historien de son maître[5].

UN VALET. Monsieur, il vient d'arriver un domestique qui demande à vous parler, il est suivi d'un crocheteur[6] qui porte une valise.

MONSIEUR ORGON. Qu'il entre : c'est sans doute le valet
25 de Dorante ; son maître peut être resté au bureau[7] pour affaires. Où est Lisette ?

SILVIA. Lisette s'habille, et dans son miroir, nous trouve très imprudents de lui livrer Dorante, elle aura bientôt fait[8].

MONSIEUR ORGON. Doucement, on vient.

---

1. **L'étourdir un peu sur la distance :** lui faire un peu tourner la tête au point qu'il en oublie la différence de condition sociale.
2. **Démêler :** voir clair en, connaître.
3. **Faquin :** vaurien, de l'italien *facchino*, portefaix (terme injurieux).
4. **Babillard :** bavard.
5. **J'en ferai l'historien de son maître :** je le ferai parler de son maître.
6. **Crocheteur :** personne qui portait des fardeaux à l'aide d'un crochet.
7. **Bureau :** bureau des messageries.
8. **Elle aura bientôt fait :** elle aura bientôt fini.

Repères

• En quoi les scènes 3 et 4 sont-elles encore des scènes d'exposition ?

Observation

• Comment comprenez-vous la réplique de Mario : « … *voyons si leur cœur ne les avertirait pas de ce qu'ils valent* » (l. 47) ? À qui s'adresse-t-elle ?
• Quel mécanisme se met en place à travers la décision de Monsieur Orgon et de Mario ?
• Étudiez le champ lexical du théâtre. Que révèle-t-il sur le statut dramaturgique de Monsieur Orgon et de Mario ?
• Relevez les termes dépréciatifs qu'emploie Silvia à l'égard du valet de Dorante (scène 4). Quels préjugés a-t-elle sur les domestiques ?
• Relevez et expliquez les propos à double sens de Monsieur Orgon et de Mario dans la scène 4.
• Quel est désormais l'enjeu de l'intrigue à l'issue de la scène 4 ?

Interprétations

• Comparez les motifs invoqués par Dorante dans la lettre et ceux de Silvia dans la scène précédente. Que laisse suggérer la similitude de comportement des deux jeunes gens ?
• Tutoiement, vouvoiement : que nous apprend l'emploi des pronoms personnels sur les relations familiales au XVIIIᵉ siècle ?
• Dans quelle position le spectateur est-il placé ?
• Comment interprétez-vous l'absence des mères ?
• Imaginez comment Orgon lit la lettre du père de Dorante (emplacement sur l'espace scénique, intonations, gestes d'accompagnement, regards).
• Pourquoi l'entrée de Lisette est-elle différée ?
• À la fin de la scène 4, le rideau se lève une nouvelle fois ; imaginez l'attitude que prennent les personnages à l'annonce de l'arrivée de quelqu'un.

SCÈNE 5. DORANTE, *en valet*, MONSIEUR ORGON, SILVIA, MARIO.

DORANTE. Je cherche Monsieur Orgon, n'est-ce pas à lui à qui j'ai l'honneur de faire la révérence ?

MONSIEUR ORGON. Oui, mon ami, c'est à lui-même.

DORANTE. Monsieur, vous avez sans doute reçu de nos nou-
5 velles, j'appartiens à[1] Monsieur Dorante, qui me suit, et qui m'envoie toujours devant[2] vous assurer de ses respects, en attendant qu'il vous en assure lui-même.

MONSIEUR ORGON. Tu fais ta commission de fort bonne grâce ; Lisette, que dis-tu de ce garçon-là ?

10 SILVIA. Moi, Monsieur, je dis qu'il est bienvenu, et qu'il promet.

DORANTE. Vous avez bien de la bonté, je fais du mieux qu'il m'est possible.

MARIO. Il n'est pas mal tourné au moins, ton cœur n'a qu'à
15 se bien tenir, Lisette.

SILVIA. Mon cœur, c'est bien des affaires[3].

DORANTE. Ne vous fâchez pas, Mademoiselle[4], ce que dit Monsieur ne m'en fait point accroire[5].

SILVIA. Cette modestie-là me plaît, continuez de même.

20 MARIO. Fort bien ! mais il me semble que ce nom de Mademoiselle qu'il te donne est bien sérieux ; entre gens comme

---

1. **J'appartiens à** : je fais partie de la maison de.
2. **Devant** : au-devant de lui.
3. **C'est bien des affaires** : voilà bien des histoires.
4. **Mademoiselle** : appellation des femmes nobles non titrées, mariées ou non.
5. **Ne m'en fait point accroire** : ne m'amène pas à me faire d'illusions.

vous, le style des compliments ne doit pas être si grave, vous seriez toujours sur le qui-vive ; allons, traitez-vous plus commodément, tu as nom Lisette, et toi mon garçon,
25 comment t'appelles-tu ?

DORANTE. Bourguignon, Monsieur, pour vous servir.

SILVIA. Eh bien, Bourguignon, soit !

DORANTE. Va donc pour Lisette, je n'en serai pas moins votre serviteur.

30 MARIO. Votre serviteur, ce n'est point encore là votre jargon, c'est ton serviteur qu'il faut dire.

MONSIEUR ORGON. Ah, ah, ah, ah !

SILVIA, *bas à Mario.* Vous me jouez[1], mon frère.

DORANTE. À l'égard du tutoiement, j'attends les ordres de
35 Lisette.

SILVIA. Fais comme tu voudras, Bourguignon, voilà la glace rompue, puisque cela divertit ces Messieurs.

DORANTE. Je t'en remercie, Lisette, et je réponds sur-le-champ à l'honneur que tu me fais.

40 MONSIEUR ORGON. Courage, mes enfants, si vous commencez à vous aimer, vous voilà débarrassés des cérémonies.

MARIO. Oh, doucement, s'aimer, c'est une autre affaire ; vous ne savez peut-être pas que j'en veux au cœur de Lisette,
45 moi qui vous parle. Il est vrai qu'il m'est cruel[2], mais je ne veux pas que Bourguignon aille sur mes brisées[3].

---

1. **Vous me jouez :** vous vous moquez de moi.
2. **Il m'est cruel :** il est dur avec moi.
3. **Aille sur mes brisées :** chasse sur mes terres, soit mon rival (terme de chasse à courre : suivre la piste que le veneur a marquée en brisant des branches d'arbre).

SILVIA. Oui, le prenez-vous sur ce ton-là, et moi, je veux que Bourguignon m'aime.

DORANTE. Tu te fais tort de dire je veux, belle Lisette, tu
50 n'as pas besoin d'ordonner pour être servie.

MARIO. Mons[1] Bourguignon, vous avez pillé cette galanterie-là quelque part.

DORANTE. Vous avez raison, Monsieur, c'est dans ses yeux que je l'ai prise.

55 MARIO. Tais-toi, c'est encore pis, je te défends d'avoir tant d'esprit.

SILVIA. Il ne l'a pas à vos dépens, et s'il en trouve dans mes yeux, il n'a qu'à prendre.

MONSIEUR ORGON. Mon fils, vous perdrez votre procès[2] ;
60 retirons-nous, Dorante va venir, allons le dire à ma fille ; et vous, Lisette, montrez à ce garçon l'appartement de son maître ; adieu, Bourguignon.

DORANTE. Monsieur, vous me faites trop d'honneur.

---

1. **Mons :** abréviation méprisante de « Monsieur ».
2. **Procès :** discussion, bataille d'arguments.

REPÈRES

• Comment les scènes 4 et 5 sont-elles liées entre elles ?
• Sous quelle identité Dorante entre-t-il en scène ?

OBSERVATION

• Quel est l'effet recherché par Mario et Monsieur Orgon en taqui-
nant Dorante et Silvia ?
• Pourquoi Mario les oblige-t-il à se tutoyer ?
• Pourquoi Monsieur Orgon rit-il (l. 32) ?
• Quel élément nouveau Mario apporte-t-il au plan établi par Silvia ?
• Comment comprenez-vous le vouvoiement dans la réplique de
Mario : « *Mons Bourguignon, vous avez pillé cette galanterie-là
quelque part* » (l. 51-52) ?
• Pourquoi Mario dénie-t-il à Bourguignon le droit de faire preuve
d'esprit ? Quel rapport de force veut-il instaurer (étudiez le recours
à l'impératif, le vocabulaire) ?
• L'attitude de Silvia correspond-elle à ce qu'elle avait décidé dans
la scène précédente ?
• Qu'annonce cette scène pour la suite de l'intrigue ?

INTERPRÉTATIONS

• Pourquoi Dorante entre-t-il en scène sans Arlequin ?
• Dorante est-il crédible en valet ? Relevez les tournures qui trahis-
sent son origine sociale.
• Pourquoi Marivaux n'a-t-il pas donné à Dorante déguisé en valet
le nom d'Arlequin ?
• Imaginez l'emplacement des personnages sur l'espace scénique.

Scène 6. Silvia, Dorante.

Silvia, *à part*. Ils se donnent la comédie[1], n'importe, met-
tons tout à profit, ce garçon-ci n'est pas sot, et je ne plains
pas la soubrette qui l'aura ; il va m'en conter, laissons-le dire
pourvu qu'il m'instruise.

5 Dorante, *à part*. Cette fille-ci m'étonne, il n'y a point de
femme au monde à qui sa physionomie ne fît honneur, lions
connaissance avec elle... *Haut.* Puisque nous sommes dans le
style amical et que nous avons abjuré les façons[2], dis-moi,
Lisette, ta maîtresse te vaut-elle ? elle est bien hardie d'oser
10 avoir une femme de chambre comme toi.

Silvia. Bourguignon, cette question-là m'annonce que, suivant la coutume, tu arrives avec l'intention de me dire des
douceurs, n'est-il pas vrai ?

Dorante. Ma foi, je n'étais pas venu dans ce dessein-là, je
15 te l'avoue ; tout valet que je suis, je n'ai jamais eu de grandes
liaisons avec les soubrettes, je n'aime pas l'esprit domestique ;
mais à ton égard c'est une autre affaire ; comment donc, tu
me soumets, je suis presque timide, ma familiarité n'oserait
s'apprivoiser avec toi, j'ai toujours envie d'ôter mon chapeau
20 de dessus ma tête, et quand je te tutoie, il me semble que je
jure ; enfin j'ai un penchant à te traiter avec des respects qui
te feraient rire. Quelle espèce de suivante[3] es-tu donc avec
ton air de princesse ?

Silvia. Tiens, tout ce que tu dis avoir senti en me voyant
25 est précisément l'histoire de tous les valets qui m'ont vue.

---

1. **Ils se donnent la comédie :** ils se moquent de moi.
2. **Abjuré les façons :** renoncé à faire des manières.
3. **Suivante :** la suivante est « une demoiselle attachée au service d'une grande
dame » (Littré).

DORANTE. Ma foi, je ne serais pas surpris quand ce serait aussi l'histoire de tous les maîtres.

SILVIA. Le trait[1] est joli assurément ; mais je te le répète encore, je ne suis point faite[2] aux cajoleries[3] de ceux dont
30 la garde-robe[4] ressemble à la tienne.

DORANTE. C'est-à-dire que ma parure ne te plaît pas ?

SILVIA. Non, Bourguignon ; laissons là l'amour, et soyons bons amis.

DORANTE. Rien que cela ? ton petit traité n'est composé que
35 de deux clauses impossibles.

SILVIA, *à part.* Quel homme pour un valet ! *Haut.* Il faut pourtant qu'il[5] s'exécute ; on m'a prédit que je n'épouserais jamais qu'un homme de condition[6], et j'ai juré depuis de n'en écouter jamais d'autres.

40 DORANTE. Parbleu, cela est plaisant, ce que tu as juré pour homme, je l'ai juré pour femme, moi, j'ai fait serment de n'aimer sérieusement qu'une fille de condition.

SILVIA. Ne t'écarte donc pas de ton projet.

DORANTE. Je ne m'en écarte peut-être pas tant que nous le
45 croyons, tu as l'air bien distingué, et l'on est quelquefois fille de condition sans le savoir.

SILVIA. Ah, ah, ah, je te remercierais de ton éloge, si ma mère n'en faisait pas les frais.

---

1. **Trait :** mot d'esprit.
2. **Faite :** accoutumée.
3. **Cajoleries :** flatteries.
4. **Garde-robe :** ici, livrée de domestique.
5. **Il :** le traité.
6. **Homme de condition :** homme d'un rang social élevé.

DORANTE. Eh bien, venge-t'en sur la mienne, si tu me
50 trouves assez bonne mine pour cela.

SILVIA, *à part*. Il le mériterait. *Haut*. Mais ce n'est pas là de
quoi il est question ; trêve de badinage[1], c'est un homme de
condition qui m'est prédit pour époux, et je n'en rabattrai
rien[2].

55 DORANTE. Parbleu, si j'étais tel, la prédiction me menace-
rait, j'aurais peur de la vérifier[3] ; je n'ai point de foi[4] à
l'astrologie, mais j'en ai beaucoup à ton visage.

SILVIA, *à part*. Il ne tarit point... *Haut*. Finiras-tu, que
t'importe la prédiction puisqu'elle t'exclut ?

60 DORANTE. Elle n'a pas prédit que je ne t'aimerais point.

SILVIA. Non, mais elle a dit que tu n'y gagnerais rien, et moi
je te le confirme.

DORANTE. Tu fais fort bien, Lisette, cette fierté-là te va à
merveille, et quoiqu'elle me fasse mon procès, je suis pourtant
65 bien aise de te la voir ; je te l'ai souhaitée d'abord que[5] je
t'ai vue, il te fallait encore cette grâce-là, et je me console d'y
perdre, parce que tu y gagnes.

SILVIA, *à part*. Mais en vérité, voilà un garçon qui me surprend malgré que j'en aie[6]... *Haut*. Dis-moi, qui es-tu toi qui
70 me parles ainsi ?

DORANTE. Le fils d'honnêtes gens qui n'étaient pas riches.

---

1. **Badinage :** plaisanterie.
2. **Je n'en rabattrai rien :** je ne renoncerai pas à cette prétention, je n'en
démordrai pas (dans le langage du commerce, « rabattre du prix d'une
marchandise » signifie faire un rabais).
3. **La vérifier :** en prouver l'exactitude.
4. **Je n'ai point de foi :** je ne crois pas.
5. **D'abord que :** dès que.
6. **Malgré que j'en aie :** malgré moi.

SILVIA. Va, je te souhaite de bon cœur une meilleure situation que la tienne, et je voudrais pouvoir y contribuer ; la fortune[1] a tort avec toi.

75 DORANTE. Ma foi, l'amour a plus de tort qu'elle, j'aimerais mieux qu'il me fût permis de te demander ton cœur, que d'avoir tous les biens du monde.

SILVIA, *à part*. Nous voilà grâce au ciel en conversation réglée[2]. *Haut*. Bourguignon, je ne saurais me fâcher des dis-
80 cours que tu me tiens ; mais je t'en prie, changeons d'entretien, venons à ton maître ; tu peux te passer de me parler d'amour, je pense ?

DORANTE. Tu pourrais bien te passer de m'en faire sentir, toi.

85 SILVIA. Ahi ! je me fâcherai, tu m'impatientes, encore une fois laisse là ton amour.

DORANTE. Quitte donc ta figure.

SILVIA, *à part*. À la fin, je crois qu'il m'amuse[3]... *Haut*. Eh bien, Bourguignon, tu ne veux donc pas finir, faudra-t-il que
90 je te quitte ? *À part*. Je devrais déjà l'avoir fait.

DORANTE. Attends, Lisette, je voulais moi-même te parler d'autre chose ; mais je ne sais plus ce que c'est.

SILVIA. J'avais de mon côté quelque chose à te dire ; mais tu m'as fait perdre mes idées aussi, à moi.

---

1. **La fortune** : le sort.
2. **Nous voilà grâce au ciel en conversation réglée** : voilà qu'il me fait la cour selon les règles.
3. **Il m'amuse** : le verbe « amuser » signifie à la fois « distraire » et « faire perdre son temps ».

95 DORANTE. Je me rappelle de t'avoir demandé si ta maîtresse te valait.

SILVIA. Tu reviens à ton chemin par un détour, adieu.

DORANTE. Eh non, te dis-je, Lisette, il ne s'agit ici que de mon maître.

100 SILVIA. Eh bien soit, je voulais te parler de lui aussi, et j'espère que tu voudras bien me dire confidemment[1] ce qu'il est ; ton attachement pour lui m'en donne bonne opinion, il faut qu'il ait du mérite puisque tu le sers.

DORANTE. Tu me permettras peut-être bien de te remercier 105 de ce que tu me dis là, par exemple ?

SILVIA. Veux-tu bien ne prendre pas garde à l'imprudence que j'ai eue de le dire ?

DORANTE. Voilà encore de ces réponses qui m'emportent[2] ; fais comme tu voudras, je n'y résiste point, et je suis bien 110 malheureux de me trouver arrêté[3] par tout ce qu'il y a de plus aimable au monde.

SILVIA. Et moi je voudrais bien savoir comment il se fait que j'ai la bonté de t'écouter, car assurément, cela est singulier[4] !

DORANTE. Tu as raison, notre aventure est unique.

115 SILVIA, *à part.* Malgré tout ce qu'il m'a dit, je ne suis point partie, je ne pars point, me voilà encore, et je réponds ! En vérité, cela passe[5] la raillerie. *Haut.* Adieu.

---

1. **Confidemment :** en confidence.
2. **M'emportent :** me transportent, me ravissent.
3. **Arrêté :** retenu.
4. **Singulier :** curieux, étrange.
5. **Passe :** dépasse.

DORANTE. Achevons donc ce que nous voulions dire.

SILVIA. Adieu, te dis-je, plus de quartier[1] ; quand ton maître
120 sera venu, je tâcherai en faveur de ma maîtresse de le
connaître par moi-même, s'il en vaut la peine ; en attendant,
tu vois cet appartement, c'est le vôtre.

DORANTE. Tiens, voici mon maître.

---

1. **Plus de quartier :** plus de pitié (vocabulaire militaire).

Repères

• En quoi cette scène est-elle le point culminant de l'acte I ?
• Par qui avait-elle été annoncée ?

Observation

• Dégagez les différents mouvements de la scène.
• Quelle est la fonction des deux apartés au début de la scène ?
• Relevez le champ lexical de la surprise. Que traduit-il ?
• Étudiez l'enchaînement du dialogue. Comment progresse-t-il ?
• Relevez les moments où Silvia cherche à mettre un terme à la conversation. Comment l'entretien est-il prolongé ?
• Que traduisent les apartés de Silvia ?
• Que traduit le champ lexical de la vue dans les répliques de Dorante ?
• Silvia et Dorante obtiennent-ils des réponses aux questions qu'ils posent sur leurs maîtres respectifs ?
• Silvia ne fait-elle pas un demi-aveu à Dorante ? Citez.
• Repérez les propos à double sens. Quel effet produisent-ils sur le spectateur ?

Interprétations

• Imaginez les déplacements de Silvia sur l'espace scénique en mettant en évidence les mouvements d'attraction/répulsion.
• Dorante et Silvia parviennent-ils à masquer leur identité ? Citez les questions de l'un et de l'autre qui mettent en évidence la transparence de leur masque.
• Que cherchent-ils en se démarquant de la condition de valet ? Cela les éloigne-t-il l'un de l'autre ?

Scène 7. Dorante, Silvia, Arlequin.

Arlequin. Ah, te voilà, Bourguignon ; mon porte-manteau[1] et toi, avez-vous été bien reçus ici ?

Dorante. Il n'était pas possible qu'on nous reçût mal, Monsieur.

5 Arlequin. Un domestique là-bas m'a dit d'entrer ici, et qu'on allait avertir mon beau-père qui était avec ma femme.

Silvia. Vous voulez dire Monsieur Orgon et sa fille, sans doute, Monsieur ?

Arlequin. Eh oui, mon beau-père et ma femme, autant 10 vaut[2], je viens pour épouser, et ils m'attendent pour être mariés, cela est convenu, il ne manque plus que la cérémonie, qui est une bagatelle.

Silvia. C'est une bagatelle qui vaut bien la peine qu'on y pense.

15 Arlequin. Oui, mais quand on y a pensé on n'y pense plus.

Silvia, *bas à Dorante*. Bourguignon, on est homme de mérite à bon marché chez vous, ce me semble ?

Arlequin. Que dites-vous là à mon valet, la belle ?

Silvia. Rien, je lui dis seulement que je vais faire descendre 20 Monsieur Orgon.

Arlequin. Et pourquoi ne pas dire mon beau-père, comme moi ?

Silvia. C'est qu'il ne l'est pas encore.

Dorante. Elle a raison, Monsieur, le mariage n'est pas fait.

---

1. **Porte-manteau :** malle penderie.
2. **Autant vaut :** c'est tout comme.

25 ARLEQUIN. Eh bien, me voilà pour le faire.

DORANTE. Attendez donc qu'il soit fait.

ARLEQUIN. Pardi, voilà bien des façons pour un beau-père de la veille ou du lendemain.

SILVIA. En effet, quelle si grande différence y a-t-il entre être
30 marié ou ne l'être pas ? Oui, Monsieur, nous avons tort, et je cours informer votre beau-père de votre arrivée.

ARLEQUIN. Et ma femme aussi, je vous prie ; mais avant que de partir, dites-moi une chose, vous qui êtes si jolie, n'êtes-vous pas la soubrette de l'hôtel[1] ?

35 SILVIA. Vous l'avez dit.

ARLEQUIN. C'est fort bien fait, je m'en réjouis : croyez-vous que je plaise ici, comment me trouvez-vous ?

SILVIA. Je vous trouve... plaisant.

ARLEQUIN. Bon, tant mieux, entretenez-vous[2] dans ce sen-
40 timent-là, il pourra trouver sa place.

SILVIA. Vous êtes bien modeste de vous en contenter ; mais je vous quitte, il faut qu'on ait oublié d'avertir votre beau-père, car assurément il serait venu, et j'y vais.

ARLEQUIN. Dites lui que je l'attends avec affection.

45 SILVIA, à part. Que le sort est bizarre ! aucun de ces deux hommes n'est à sa place.

---

1. **Hôtel** : hôtel particulier, demeure d'une personne de haut rang.
2. **Entretenez-vous** : persistez.

SCÈNE 8. DORANTE, ARLEQUIN.

ARLEQUIN. Eh bien, Monsieur, mon commencement va bien ; je plais déjà à la soubrette.

DORANTE. Butor[1] que tu es !

ARLEQUIN. Pourquoi donc, mon entrée est si gentille !

5 DORANTE. Tu m'avais tant promis de laisser là tes façons de parler sottes et triviales, je t'avais donné de si bonnes instructions, je ne t'avais recommandé que d'être sérieux. Va, je vois bien que je suis un étourdi de m'en être fié à toi.

ARLEQUIN. Je ferai encore mieux dans les suites[2], et puisque 10 le sérieux n'est pas suffisant, je donnerai du mélancolique[3], je pleurerai, s'il le faut.

DORANTE. Je ne sais plus où j'en suis ; cette aventure-ci m'étourdit : que faut-il que je fasse ?

ARLEQUIN. Est-ce que la fille n'est pas plaisante ?

15 DORANTE. Tais-toi ; voici Monsieur Orgon qui vient.

---

1. **Butor :** lourdaud.
2. **Dans les suites :** par la suite.
3. **Je donnerai du mélancolique :** je ferai le mélancolique.

SCÈNE 9. MONSIEUR ORGON, DORANTE, ARLEQUIN.

MONSIEUR ORGON. Mon cher Monsieur, je vous demande mille pardons de vous avoir fait attendre ; mais ce n'est que de cet instant que j'apprends que vous êtes ici.

ARLEQUIN. Monsieur, mille pardons, c'est beaucoup trop, et
5 il n'en faut qu'un quand on n'a fait qu'une faute ; au surplus, tous mes pardons sont à votre service.

MONSIEUR ORGON. Je tâcherai de n'en avoir pas besoin.

ARLEQUIN. Vous êtes le maître, et moi votre serviteur.

MONSIEUR ORGON. Je suis, je vous assure, charmé de vous
10 voir, et je vous attendais avec impatience.

ARLEQUIN. Je serais d'abord venu ici avec Bourguignon ; mais quand on arrive de voyage, vous savez qu'on est si mal bâti[1], et j'étais bien aise de me présenter dans un état plus ragoûtant[2].

15 MONSIEUR ORGON. Vous y avez fort bien réussi ; ma fille s'habille, elle a été un peu indisposée ; en attendant qu'elle descende, voulez-vous vous rafraîchir ?

ARLEQUIN. Oh ! je n'ai jamais refusé de trinquer avec personne.

20 MONSIEUR ORGON. Bourguignon, ayez soin de vous, mon garçon.

ARLEQUIN. Le gaillard est gourmet, il boira du meilleur.

MONSIEUR ORGON. Qu'il ne l'épargne pas.

---

1. **Mal bâti :** peu présentable (familier).
2. **Ragoûtant :** appétissant (familier).

Repères

• Étudiez la liaison des scènes.
• Depuis quand Arlequin était-il attendu ?

Observation

• Commentez les premières répliques d'Arlequin. Que révèlent l'usage et l'ordre des pronoms dans la première phrase ? Quel trait de caractère traduit le jeu des pronoms possessifs par anticipation (« *mon beau-père* », « *ma femme* ») ?
• Comment se comporte-t-il avec la fausse Lisette ? Quelles sont les différentes réactions de celle-ci ?
• Étudiez le langage d'Arlequin. À quoi tient son caractère comique ?
• Dans quel sens Silvia utilise-t-elle le terme « *plaisant* » ? Arlequin en saisit-il la nuance ?
• Dorante a-t-il de l'autorité sur Arlequin ? Que révèle le fait que son valet ne l'écoute pas (scène 8) ?
• Comparez l'attitude de Dorante et celle de Monsieur Orgon face à Arlequin. Que constatez-vous ?
• Quelle phrase d'Arlequin adressée à Monsieur Orgon est à double sens ? Quel effet produit-elle sur le spectateur ?

Interprétations

• Arlequin peut-il correspondre au portrait que Lisette avait fait de Dorante dans la première scène ?
• Comparez les propos tenus sur le mariage par Arlequin à ceux de Silvia et de Lisette dans la scène d'ouverture. Que constatez-vous ?
• Avec quelle intonation Silvia prononce-t-elle cette réplique : « *… je cours informer votre beau-père de votre arrivée* » (scène 7, l. 31) ?
• Que nous révèle la scène 8 sur l'évolution psychologique de Dorante ?
• Imaginez les mimiques d'Arlequin dans la scène 8 (l. 9-11, « *je donnerai du mélancolique* »).

L'acte I est consacré à la mise en place de l'intrigue. Silvia, devant épouser Dorante, décide pour l'accueillir d'emprunter les habits de sa servante Lisette, qui prendra, elle, l'apparence de sa maîtresse. Le spectateur apprend dans la scène 3 que Dorante de son côté a eu la même idée. Le déguisement signifie également l'adoption d'un nouveau rôle social : les maîtres jouent aux valets et les valets aux maîtres. S'il est facile de changer d'habit, il est moins facile de changer d'être social. Celui-ci imprègne les manières d'être et surtout de parler des différents protagonistes. En quoi leur langage trahit-il l'origine sociale des personnages ?

Une maîtrise inégale de la parole

« *Lisette a de l'esprit* », dit Silvia à son père (scène 2, l. 63). L'habileté verbale et l'humour de Lisette apparaissent en effet dès les premières répliques de la pièce, par exemple à travers le jeu sur le mot *oui*. Les réactions de Silvia (« *Taisez-vous, allez répondre vos impertinences ailleurs...* », « *Délicieuse ! que tu es folle avec tes expressions !* ») soulignent l'esprit de Lisette qui, cependant, n'égale pas sa maîtresse dans la maîtrise de la langue noble. De nombreux éléments, en donnant une coloration familière à la parole de Lisette, trahissent son origine populaire : les jurons (« *pardi* », « *vertuchoux* »), la prononciation « *oui-da* », le recours à des images concrètes (alors que Silvia utilise le thème du froid de manière figurée, Lisette le reprend dans un sens concret et expressif : « *Je gèle au récit que vous m'en faites* », l. 95). L'alliance de la recherche spirituelle et de touches familières est source de comique. Cette inégalité entre les deux femmes est renforcée par l'usage des pronoms personnels et l'évolution du dialogue. Silvia tutoie Lisette alors que celle-ci la vouvoie, ce qui renvoie la servante à son infériorité sociale. De plus, la distribution des répliques dans le dialogue traduit l'effacement de Lisette devant Silvia : à la fin de la scène 1, les répliques de Lisette sont courtes, elles ne sont plus que des commentaires destinés à relancer les tirades de Silvia. Le caractère tautologique du propos de Lisette : « *Un mari, c'est un mari...* » traduit indirectement les limites de sa capacité verbale ; capable de produire des traits d'esprit, elle reste guettée par le prosaïsme et le lieu commun.

La distinction face au franc-parler

Si la toute première scène suggère, à travers la confrontation entre Lisette et Silvia, l'inégale maîtrise de la parole liée à l'inégalité des conditions sociales, les scènes 5 à 9 la confirment en montrant que c'est à travers leur manière de parler que les protagonistes déguisés trahissent leur véritable identité sociale. La réplique de Mario – « *Fort bien ! mais il me semble... qui-vive* » (scène 5, l. 20-23) – suggère que Silvia et Dorante ne peuvent se défaire d'un style grave : Dorante appelle Silvia « *Mademoiselle* » et la vouvoie. En faisant preuve de galanterie (Silvia : « *Nous voilà grâce au ciel en conversation réglée* »), Dorante actualise malgré son déguisement un code social et langagier hérité de la tradition aristocratique de l'amour courtois. Par contraste, l'entrée en scène d'Arlequin (scènes 7 à 9) illustre l'incapacité du valet, prisonnier du franc-parler populaire, à jouer convenablement le rôle du maître. À peine introduit chez Monsieur Orgon (scène 7), Arlequin désigne ses hôtes en utilisant les expressions populaires de la parenté : « *Un domestique là-bas m'a dit d'entrer ici, et qu'on allait avertir mon beau-père qui était avec ma femme.* » La maladresse de la construction syntaxique accentue l'effet comique. La réplique de Silvia (« *Vous voulez dire Monsieur Orgon et sa fille...* ») révèle qu'Arlequin a enfreint les règles de la politesse. Le franc-parler d'Arlequin se traduit aussi par un manque de retenue et de pudeur. Il appelle Silvia « *la belle* » (l. 18) et la complimente avec insistance : « *vous qui êtes si jolie* ». Devant Monsieur Orgon enfin (scène 9), Arlequin utilise des images prosaïques : « *on est si mal bâti* » (pour « peu présentable »), « *un état plus ragoûtant* »(« appétissant »). La grossièreté de son langage est mise en valeur par le contraste avec la distinction de Monsieur Orgon, la familiarité du verbe « *trinquer* » est renforcée par le fait qu'il succède au verbe du langage soutenu « *se rafraîchir* ».

ACTE II

Scène première. Lisette, Monsieur Orgon.

MONSIEUR ORGON. Eh bien, que me veux-tu, Lisette ?

LISETTE. J'ai à vous entretenir un moment.

MONSIEUR ORGON. De quoi s'agit-il ?

LISETTE. De vous dire l'état où sont les choses, parce qu'il
5 est important que vous en soyez éclairci, afin que vous n'ayez
point à vous plaindre de moi.

MONSIEUR ORGON. Ceci est donc bien sérieux.

LISETTE. Oui, très sérieux. Vous avez consenti au déguisement de Mademoiselle Silvia, moi-même je l'ai trouvé
10 d'abord sans conséquence, mais je me suis trompée.

MONSIEUR ORGON. Et de quelle conséquence est-il donc ?

LISETTE. Monsieur, on a de la peine à se louer soi-même,
mais malgré toutes les règles de la modestie, il faut pourtant
que je vous dise que si vous ne mettez ordre à ce qui arrive,
15 votre prétendu gendre n'aura plus de cœur à donner à Mademoiselle votre fille ; il est temps qu'elle se déclare[1], cela
presse, car un jour plus tard, je n'en réponds plus.

MONSIEUR ORGON. Eh, d'où vient qu'il ne voudra plus de
ma fille, quand il la connaîtra, te défies-tu de ses charmes ?

20 LISETTE. Non ; mais vous ne vous méfiez pas assez des
miens, je vous avertis qu'ils vont leur train[2], et que je ne
vous conseille pas de les laisser faire.

---

1. **Qu'elle se déclare** : qu'elle révèle son identité.
2. **Ils vont leur train** : ils font leur effet.

MONSIEUR ORGON. Je vous en fais mes compliments, Lisette. *Il rit.* Ah, ah, ah !

25 LISETTE. Nous y voilà ; vous plaisantez, Monsieur, vous vous moquez de moi. J'en suis fâchée, car vous y serez pris.

MONSIEUR ORGON. Ne t'en embarrasse pas, Lisette, va ton chemin.

LISETTE. Je vous le répète encore, le cœur de Dorante va bien
30 vite ; tenez, actuellement je lui plais beaucoup, ce soir il m'aimera, il m'adorera demain : je ne le mérite pas, il est[1] de mauvais goût, vous en direz ce qu'il vous plaira ; mais cela ne laissera pas que d'être[2], voyez-vous, demain je me garantis adorée.

35 MONSIEUR ORGON. Eh bien, que vous importe : s'il vous aime tant, qu'il vous épouse.

LISETTE. Quoi ! vous ne l'en empêcheriez pas ?

MONSIEUR ORGON. Non, d'homme d'honneur, si tu le mènes jusque-là.

40 LISETTE. Monsieur, prenez-y garde, jusqu'ici je n'ai pas aidé à mes appas[3], je les ai laissé faire tout seuls ; j'ai ménagé sa tête : si je m'en mêle, je la renverse, il n'y aura plus de remède.

MONSIEUR ORGON. Renverse, ravage, brûle, enfin épouse, je te le permets si tu le peux.

45 LISETTE. Sur ce pied-là[4] je compte ma fortune faite.

MONSIEUR ORGON. Mais dis-moi, ma fille t'a-t-elle parlé, que pense-t-elle de son prétendu ?

LISETTE. Nous n'avons encore guère trouvé le moment de

---

1. **Il est :** c'est (*il* est un neutre).
2. **Cela ne laissera pas que d'être :** il ne manquera pas d'en être ainsi.
3. **Je n'ai pas aidé à mes appas :** je n'ai pas cherché à utiliser mes charmes.
4. **Sur ce pied-là :** dans ces conditions.

nous parler, car ce prétendu m'obsède[1] ; mais à vue de
50 pays[2], je ne la crois pas contente, je la trouve triste, rêveuse,
et je m'attends bien qu'elle[3] me priera de le rebuter[4].

MONSIEUR ORGON. Et moi, je te le défends ; j'évite de
m'expliquer avec elle, j'ai mes raisons pour faire durer ce
déguisement ; je veux qu'elle examine son futur plus à loisir.
55 Mais le valet, comment se gouverne-t-il[5] ? ne se mêle-t-il pas
d'aimer ma fille ?

LISETTE. C'est un original, j'ai remarqué qu'il fait l'homme
de conséquence[6] avec elle, parce qu'il est bien fait ; il la
regarde et soupire.

60 MONSIEUR ORGON. Et cela la fâche ?

LISETTE. Mais... elle rougit.

MONSIEUR ORGON. Bon, tu te trompes ; les regards d'un
valet ne l'embarrassent pas jusque-là.

LISETTE. Monsieur, elle rougit.

65 MONSIEUR ORGON. C'est donc d'indignation.

LISETTE. À la bonne heure.

MONSIEUR ORGON. Eh bien, quand tu lui parleras, dis-lui
que tu soupçonnes ce valet de la prévenir[7] contre son
maître ; et si elle se fâche, ne t'en inquiète point, ce sont mes
70 affaires : mais voici Dorante qui te cherche apparemment.

---

1. **M'obsède :** me poursuit de ses assiduités.
2. **À vue de pays :** à première vue.
3. **Qu'elle :** à ce qu'elle.
4. **Rebuter :** repousser.
5. **Se gouverne-t-il :** se comporte-t-il.
6. **L'homme de conséquence :** l'important.
7. **La prévenir :** lui monter la tête.

Repères

• Que s'est-il passé entre les deux actes ? Quelles entrevues ont eu lieu hors scène ?
• À quel moment de la journée s'ouvre l'acte II ?

Observation

• Quelle est la stratégie d'information adoptée par le dramaturge ? Comment procède-t-il ?
• Qu'est-ce qui déclenche le rire de Monsieur Orgon (l. 24) ?
• Comment comprenez-vous cette phrase de Lisette : « ... *je ne le mérite pas, il est de mauvais goût* » (l. 31-32) ?
• Que vous évoque la réplique : « *Renverse, ravage, brûle, enfin épouse* » (l. 43) ? Quel genre théâtral est ici parodié ? Quel effet comique entraîne la juxtaposition des métaphores et du verbe « épouser » ?
• Repérez les termes dont se sert Lisette pour qualifier Dorante. Bourguignon correspond-il à l'image qu'elle se fait d'un valet ?
• Qu'entrevoit Lisette dans la perspective d'un mariage avec celui qu'elle prend pour Dorante ?
• Par quels signes physiques apprenons-nous l'amour réciproque de Dorante et Silvia ?
• Que demande Monsieur Orgon à Lisette de faire auprès de Silvia ? En quoi cette recommandation fait-elle évoluer le dispositif de l'action ?

Interprétations

• « *Si vous ne mettez ordre* » (l. 14) : en quoi cette phrase apparemment anodine nous renseigne-t-elle sur la fonction de Monsieur Orgon ? Quel type de désordre s'annonce ?
• Que signifie le passage soudain du tutoiement au vouvoiement dans la bouche de Monsieur Orgon ?

SCÈNE 2. LISETTE, ARLEQUIN,
MONSIEUR ORGON.

ARLEQUIN. Ah, je vous retrouve, merveilleuse Dame, je vous demandais à tout le monde ; serviteur[1], cher beau-père ou peu s'en faut.

MONSIEUR ORGON. Serviteur. Adieu, mes enfants, je vous
5 laisse ensemble ; il est bon que vous vous aimiez un peu avant que de vous marier.

ARLEQUIN. Je ferais bien ces deux besognes-là à la fois, moi.

MONSIEUR ORGON. Point d'impatience, adieu.

SCÈNE 3. LISETTE, ARLEQUIN.

ARLEQUIN. Madame, il dit que je ne m'impatiente pas ; il en parle bien à son aise, le bonhomme.

LISETTE. J'ai de la peine à croire qu'il vous en coûte tant d'attendre, Monsieur, c'est par galanterie que vous faites
5 l'impatient, à peine êtes-vous arrivé ! votre amour ne saurait être bien fort, ce n'est tout au plus qu'un amour naissant.

ARLEQUIN. Vous vous trompez, prodige de nos jours, un amour de votre façon[2] ne reste pas longtemps au berceau ; votre premier coup d'œil a fait naître le mien, le second lui
10 a donné des forces et le troisième l'a rendu grand garçon ; tâchons de l'établir[3] au plus vite, ayez soin de lui puisque vous êtes sa mère.

---

1. **Serviteur :** formule de politesse employée pour saluer ou prendre congé.
2. **De votre façon :** comme celui que vous avez fait naître.
3. **L'établir :** lui donner une situation et le marier.

LISETTE. Trouvez-vous qu'on le maltraite, est-il si abandonné ?

15 ARLEQUIN. En attendant qu'il soit pourvu[1], donnez-lui seulement votre belle main blanche, pour l'amuser un peu.

LISETTE. Tenez donc, petit importun, puisqu'on ne saurait avoir la paix qu'en vous amusant.

ARLEQUIN, *lui baisant la main.* Cher joujou de mon âme !
20 cela me réjouit comme du vin délicieux, quel dommage de n'en avoir que roquille[2] !

Arlequin (Jean-Paul Roussillon) et Lisette (Micheline Boudet).
Mise en scène de Maurice Escande. Comédie-Française, 1966.

---

1. **Pourvu :** marié.
2. **Roquille :** la plus petite des anciennes mesures de vin, c'est-à-dire à peine un verre.

LISETTE. Allons, arrêtez-vous, vous êtes trop avide.

ARLEQUIN. Je ne demande qu'à me soutenir[1] en attendant que je vive.

25 LISETTE. Ne faut-il pas avoir de la raison ?

ARLEQUIN. De la raison ! hélas je l'ai perdue, vos beaux yeux sont les filous qui me l'ont volée.

LISETTE. Mais est-il possible que vous m'aimiez tant ? je ne saurais me le persuader.

30 ARLEQUIN. Je ne me soucie pas de ce qui est possible, moi ; mais je vous aime comme un perdu[2], et vous verrez bien dans votre miroir que cela est juste.

LISETTE. Mon miroir ne servirait qu'à me rendre plus incrédule.

35 ARLEQUIN. Ah ! mignonne, adorable, votre humilité ne serait donc qu'une hypocrite !

LISETTE. Quelqu'un vient à nous ; c'est votre valet.

---

1. **Me soutenir :** me tenir debout, me maintenir en vie.
2. **Comme un perdu :** comme un fou.

Repères

• Lisette et Arlequin se sont-ils déjà rencontrés ?

Observation

• Relevez les répliques d'Arlequin qui montrent son empressement.
• L'attitude de Lisette correspond-elle à ce qu'elle disait à Monsieur Orgon dans la scène 1 ?
• Quelle est la stratégie de Lisette ?
• Étudiez la parodie du langage précieux : métaphores, hyperboles, personnification. Analysez notamment la métaphore de l'amour employée par Arlequin (l. 9-12). Quel est son caractère comique ? En quoi s'agit-il d'une métaphore filée ?
• Montrez l'effet comique produit par la dissonance de tons (familiarité et affectation).
• À quelle phrase galante de Dorante d'une scène précédente la réplique d'Arlequin : « ... *vos beaux yeux sont les filous qui me l'ont volée* » (l. 26-27), fait-elle écho ? Commentez le décalage.

Interprétations

• Quelle phrase de Monsieur Orgon confirme sa conception du mariage ?
• Comparez la scène 3 avec la scène 6 de l'acte I. Étudiez la différence de vocabulaire et de comportement entre les deux couples.
• Quelles sont les indications scéniques (gestes, mouvements) contenues dans les répliques ?
• Arlequin semble faire la cour à Lisette en maîtrisant les codes en règle. Quels sont-ils ?
• Quelle réplique apparemment anodine d'Arlequin révèle son ambition démesurée ? En quoi Arlequin remet-il en cause l'ordonnancement de la société ?
• En quoi le comportement des valets est-il source d'ambiguïté ?

Scène 4. Dorante, Arlequin, Lisette.

DORANTE. Monsieur, pourrais-je vous entretenir un moment ?

ARLEQUIN. Non : maudite soit la valetaille[1] qui ne saurait nous laisser en repos !

5 LISETTE. Voyez ce qu'il nous veut, Monsieur.

DORANTE. Je n'ai qu'un mot à vous dire.

ARLEQUIN. Madame, s'il en dit deux, son congé sera le troisième. Voyons ?

DORANTE, *bas à Arlequin.* Viens donc, impertinent.

10 ARLEQUIN, *bas à Dorante.* Ce sont des injures, et non pas des mots, cela... *À Lisette.* Ma Reine, excusez.

LISETTE. Faites, faites.

DORANTE. Débarrasse-moi de tout ceci, ne te livre point[2], parais sérieux, et rêveur, et même mécontent, entends-tu ?

15 ARLEQUIN. Oui, mon ami, ne vous inquiétez pas, et retirez-vous.

Scène 5. Arlequin, Lisette.

ARLEQUIN. Ah ! Madame, sans lui j'allais vous dire de belles choses, et je n'en trouverai plus que de communes à cette heure, hormis mon amour qui est extraordinaire ; mais à propos de mon amour, quand est-ce que le vôtre lui tiendra
5 compagnie ?

LISETTE. Il faut espérer que cela viendra.

---

1. **Valetaille :** ensemble des serviteurs (terme péjoratif).
2. **Ne te livre point :** ne te confie pas.

ARLEQUIN. Et croyez-vous que cela vienne ?

LISETTE. La question est vive[1] ; savez-vous bien que vous m'embarrassez ?

10 ARLEQUIN. Que voulez-vous ? je brûle, et je crie au feu.

LISETTE. S'il m'était permis de m'expliquer si vite...

ARLEQUIN. Je suis du sentiment[2] que vous le pouvez en conscience[3].

LISETTE. La retenue de mon sexe ne le veut pas.

15 ARLEQUIN. Ce n'est donc pas la retenue d'à présent qui donne bien d'autres permissions[4].

LISETTE. Mais, que me demandez-vous ?

ARLEQUIN. Dites-moi un petit brin que vous m'aimez ; tenez, je vous aime moi, faites l'écho, répétez, Princesse.

20 LISETTE. Quel insatiable ! eh bien, Monsieur, je vous aime.

ARLEQUIN. Eh bien, Madame, je me meurs ; mon bonheur me confond, j'ai peur d'en courir les champs[5] ; vous m'aimez, cela est admirable !

LISETTE. J'aurais lieu à mon tour d'être étonnée de la 25 promptitude de votre hommage ; peut-être m'aimerez-vous moins quand nous nous connaîtrons mieux.

ARLEQUIN. Ah, Madame, quand nous en serons là j'y perdrai beaucoup, il y aura bien à décompter[6].

---

1. **Vive** : brutale.
2. **Je suis du sentiment** : je suis d'avis.
3. **En conscience** : en toute franchise.
4. **Permissions** : allusion à l'évolution des mœurs où ce sont les femmes qui déclarent leur amour aux hommes (utopie présente dans *L'Île de la Raison*).
5. **D'en courir les champs** : d'en devenir fou.
6. **À décompter** : à déduire sur la valeur.

LISETTE. Vous me croyez plus de qualités que je n'en ai.

30 ARLEQUIN. Et vous, Madame, vous ne savez pas les miennes ; et je ne devrais vous parler qu'à genoux.

LISETTE. Souvenez-vous qu'on n'est pas les maîtres de son sort.

ARLEQUIN. Les pères et mères font tout à leur tête.

35 LISETTE. Pour moi, mon cœur vous aurait choisi, dans quelque état[1] que vous eussiez été.

ARLEQUIN. Il a beau jeu pour me choisir encore[2].

LISETTE. Puis-je me flatter que vous êtes de même à mon égard ?

40 ARLEQUIN. Hélas, quand vous ne seriez que Perrette ou Margot, quand je vous aurais vue le martinet[3] à la main, descendre à la cave, vous auriez toujours été ma Princesse.

LISETTE. Puissent de si beaux sentiments être durables !

ARLEQUIN. Pour les fortifier de part et d'autre jurons-nous 45 de nous aimer toujours en dépit de toutes les fautes d'ortho-graphe[4] que vous aurez faites sur mon compte.

LISETTE. J'ai plus d'intérêt à ce serment-là que vous, et je le fais de tout mon cœur.

ARLEQUIN *se met à genoux.* Votre bonté m'éblouit, et je me 50 prosterne devant elle.

LISETTE. Arrêtez-vous, je ne saurais vous souffrir[5] dans cette posture-là, je serais ridicule de vous y laisser ; levez-vous. Voilà encore quelqu'un.

---

1. **État :** condition sociale.
2. **Il a beau jeu pour me choisir encore :** il lui sera facile de me choisir encore.
3. **Martinet :** ici, petit chandelier.
4. **Fautes d'orthographe :** erreurs d'appréciation.
5. **Souffrir :** supporter.

SCÈNE 6. LISETTE, ARLEQUIN, SILVIA.

LISETTE. Que voulez-vous, Lisette ?

SILVIA. J'aurais à vous parler, Madame.

ARLEQUIN. Ne voilà-t-il pas ![1] Eh, ma mie, revenez dans un quart d'heure, allez, les femmes de chambre de mon pays
5 n'entrent point qu'on ne les appelle.

SILVIA. Monsieur, il faut que je parle à Madame.

ARLEQUIN. Mais voyez l'opiniâtre soubrette ! Reine de ma vie, renvoyez-la. Retournez-vous-en, ma fille, nous avons ordre de nous aimer avant qu'on nous marie, n'interrompez
10 point nos fonctions.

LISETTE. Ne pouvez-vous pas revenir dans un moment, Lisette ?

SILVIA. Mais, Madame...

ARLEQUIN. Mais ! Ce mais-là n'est bon qu'à me donner la
15 fièvre.

SILVIA, *à part les premiers mots*. Ah le vilain homme ! Madame, je vous assure que cela est pressé.

LISETTE. Permettez donc que je m'en défasse, Monsieur.

ARLEQUIN. Puisque le diable le veut, et elle aussi...
20 patience... je me promènerai en attendant qu'elle ait fait. Ah, les sottes gens que nos gens !

---

1. **Ne voilà-t-il pas !** : quoi donc ! (interjection exprimant l'impatience).

Repères

- Que vient demander Dorante à Arlequin ?
- Dorante a-t-il déjà rencontré Lisette ?
- En quoi la scène 5 est-elle une scène de déclaration ?
- Quel autre personnage vient interrompre Lisette et Arlequin ?

Observation

- Comment Arlequin s'acquitte-t-il de son double rôle de maître et de valet dans la scène 4 ? Montrez l'effet comique qui résulte de cette situation.
- Comment Arlequin s'accommode-t-il de l'ordre qu'il a reçu ?
- Étudiez les mouvements de la scène 5.
- Étudiez le langage de la galanterie propre aux maîtres, tel qu'il est utilisé ici et adapté par les valets : vocabulaire, métaphores, hyperboles, etc. Comment ce langage devient-il comique ?
- Montrez que ce dialogue est fondé sur des sous-entendus. Comment sont-ils suggérés ?
- Étudiez le parallélisme des scènes 4 et 6. Quel type d'humiliation subissent ici Dorante et Silvia ? Relevez les termes dépréciatifs utilisés par Arlequin à leur encontre. Lisette a-t-elle le même comportement dans la scène 6 que dans la scène 4 ?
- Que traduisent les points de suspension dans la réplique de Silvia (« *Mais, Madame…* », l. 13) ? Quelle est la signification du commentaire d'Arlequin sur le mot « *mais* » ?
- Quel propos d'Orgon Arlequin reprend-il en en transformant le sens (scène 6) ? Quel est l'effet obtenu ?

Interprétations

- Quel est l'effet produit par la double interruption de Dorante et de Silvia sur l'intrigue amoureuse des valets ?
- Imaginez les jeux de scène d'Arlequin dans la scène 4.
- À qui s'adresse Arlequin lorsqu'il dit : « *Ah, les sottes gens que nos gens !* » (scène 6, l. 20-21) ?

SCÈNE 7. SILVIA, LISETTE.

SILVIA. Je vous trouve admirable de ne pas le renvoyer tout d'un coup, et de me faire essuyer[1] les brutalités[2] de cet animal-là.

LISETTE. Pardi, Madame, je ne puis pas jouer deux rôles à
5 la fois ; il faut que je paraisse ou la maîtresse, ou la suivante, que j'obéisse ou que j'ordonne.

SILVIA. Fort bien ; mais puisqu'il n'y est plus, écoutez-moi comme votre maîtresse : vous voyez bien que cet homme-là ne me convient point.

10 LISETTE. Vous n'avez pas eu le temps de l'examiner beaucoup.

SILVIA. Êtes-vous folle avec votre examen ? Est-il nécessaire de le voir deux fois pour juger du peu de convenance[3] ? En un mot, je n'en veux point. Apparemment que mon père
15 n'approuve pas la répugnance qu'il me voit, car il me fuit, et ne me dit mot ; dans cette conjoncture, c'est à vous à me tirer tout doucement d'affaire, en témoignant adroitement à ce jeune homme que vous n'êtes pas dans le goût de l'épouser.

LISETTE. Je ne saurais, Madame.

20 SILVIA. Vous ne sauriez ! et qu'est-ce qui vous en empêche ?

LISETTE. Monsieur Orgon me l'a défendu.

SILVIA. Il vous l'a défendu ! Mais je ne reconnais point mon père à ce procédé-là[4].

---

1. **Essuyer** : subir.
2. **Brutalités** : grossièretés.
3. **Du peu de convenance** : qu'il ne me convient pas.
4. **Ce procédé-là** : cette manière d'agir.

LISETTE. Positivement[1] défendu.

25 SILVIA. Eh bien, je vous charge de lui dire mes dégoûts, et de l'assurer qu'ils sont invincibles ; je ne saurais me persuader qu'après cela il veuille pousser les choses plus loin.

LISETTE. Mais, Madame, le futur, qu'a-t-il donc de si désagréable, de si rebutant ?

30 SILVIA. Il me déplaît, vous dis-je, et votre peu de zèle aussi.

LISETTE. Donnez-vous le temps de voir ce qu'il est, voilà tout ce qu'on vous demande.

SILVIA. Je le hais assez sans prendre du temps pour le haïr davantage.

35 LISETTE. Son valet qui fait l'important ne vous aurait-il point gâté l'esprit[2] sur son compte ?

SILVIA. Hum, la sotte ! son valet a bien affaire ici !

LISETTE. C'est que je me méfie de lui, car il est raisonneur.

SILVIA. Finissez vos portraits, on n'en a que faire ; j'ai soin
40 que ce valet me parle peu, et dans le peu qu'il m'a dit, il ne m'a jamais rien dit que de très sage.

LISETTE. Je crois qu'il est homme à vous avoir conté des histoires maladroites[3], pour faire briller son bel esprit.

SILVIA. Mon déguisement ne m'expose-t-il pas à m'entendre
45 dire de jolies choses ! à qui en avez-vous ? d'où vous vient la manie d'imputer à ce garçon une répugnance[4] à laquelle il n'a point de part ? car enfin, vous m'obligez à le justifier, il

---

1. **Positivement** : nettement.
2. **Gâté l'esprit** : faussé les idées.
3. **Histoires maladroites** : propos inconsidérés, déplacés.
4. **D'imputer à ce garçon une répugnance** : de rendre ce garçon responsable d'une répugnance.

n'est pas question de le brouiller avec son maître, ni d'en faire un fourbe pour me faire, moi, une imbécile qui écoute ses 50 histoires.

LISETTE. Oh, Madame, dès que[1] vous le défendez sur ce ton-là, et que cela va jusqu'à vous fâcher, je n'ai plus rien à dire.

SILVIA. Dès que je vous le défends sur ce ton-là ! qu'est-ce 55 que c'est que le ton dont vous dites cela vous-même ? Qu'entendez-vous par ce discours, que se passe-t-il dans votre esprit ?

LISETTE. Je dis, Madame, que je ne vous ai jamais vue comme vous êtes, et que je ne conçois rien à votre aigreur[2]. 60 Eh bien, si ce valet n'a rien dit, à la bonne heure, il ne faut pas vous emporter pour le justifier, je vous crois, voilà qui est fini, je ne m'oppose pas à la bonne opinion que vous en avez, moi.

SILVIA. Voyez-vous le mauvais esprit ! comme elle tourne les 65 choses ! je me sens dans une indignation... qui... va jusqu'aux larmes.

LISETTE. En quoi donc, Madame ? Quelle finesse entendez-vous[3] à ce que je dis ?

SILVIA. Moi, j'y entends finesse ! moi, je vous querelle pour 70 lui ! j'ai bonne opinion de lui ! Vous me manquez de respect jusque-là ! Bonne opinion, juste ciel ! Bonne opinion ! Que faut-il que je réponde à cela ? qu'est-ce que cela veut dire, à qui parlez-vous ? qui est-ce qui est à l'abri de ce qui m'arrive, où en sommes-nous ?

---

1. **Dès que** : puisque.
2. **Je ne conçois rien à votre aigreur** : je ne comprends rien à votre mauvaise humeur.
3. **Quelle finesse entendez-vous** : quel sous-entendu comprenez-vous.

75 LISETTE. Je n'en sais rien, mais je ne reviendrai de longtemps
de la surprise où vous me jetez.

SILVIA. Elle a des façons de parler qui me mettent hors de
moi ; retirez-vous, vous m'êtes insupportable, laissez-moi, je
prendrai d'autres mesures.

SCÈNE 8. SILVIA.

SILVIA. Je frissonne encore de ce que je lui ai entendu dire ;
avec quelle impudence les domestiques ne nous traitent-ils
pas dans leur esprit ? comme ces gens-là vous dégradent[1] !
je ne saurais m'en remettre, je n'oserais songer aux termes
5 dont elle s'est servie, ils me font toujours peur. Il s'agit d'un
valet. Ah l'étrange chose ! écartons l'idée dont cette insolente
est venue me noircir l'imagination. Voici Bourguignon, voilà
cet objet[2] en question pour lequel je m'emporte ; mais ce
n'est pas sa faute, le pauvre garçon, et je ne dois pas m'en
10 prendre à lui.

---

1. **Dégradent :** rabaissent (au sens propre dégrader signifie « destituer
quelqu'un de son rang »).
2. **Objet :** personne aimée (langage précieux).

Repères

• À quelle autre intervention la requête de Silvia auprès de Lisette vous fait-elle penser ?
• En quoi la scène 8 constitue-t-elle un temps fort de la pièce ?

Observation

• Que nous apprennent ces scènes sur le changement des relations qui s'est opéré entre Lisette et Silvia ?
• Quelle mise au point Silvia est-elle obligée de faire au début de la scène 7 ? Pourquoi Lisette refuse-t-elle d'obéir à Silvia ?
• Pourquoi l'insinuation de Lisette concernant Bourguignon choque-t-elle tant Silvia ?
• Relevez les termes de Lisette repris par Silvia. Quelle fonction ont-ils ?
• Dans cette scène de dispute, analysez les différentes marques pour tenter de contrôler l'échange (modalités des verbes, vocabulaire).
• Que traduisent les exclamations, les interrogations et les accidents du langage dans les répliques de Silvia ?
• Dégagez les différents mouvements du monologue de la scène 8.
• Quelles sont les conséquences physiques de la dispute que Silvia vient d'avoir avec Lisette ?
• Commentez la phrase : « *Il s'agit d'un valet* » (l. 4-5).
• Quel changement de ton observez-vous lorsque Silvia aperçoit Dorante ?

Interprétations

• En quoi la scène 7 met-elle en évidence le pouvoir croissant des valets et la régression des maîtres ?
• Comparez cette scène avec la première de l'acte I. Quel avertisse-ment initial de Lisette se trouve ici vérifié ?
• Imaginez les déplacements de Silvia pendant son monologue.

SCÈNE 9. DORANTE, SILVIA.

DORANTE. Lisette, quelque éloignement[1] que tu aies pour moi, je suis forcé de te parler, je crois que j'ai à me plaindre de toi.

SILVIA. Bourguignon, ne nous tutoyons plus, je t'en prie.

5 DORANTE. Comme tu voudras.

SILVIA. Tu n'en fais pourtant rien.

DORANTE. Ni toi non plus, tu me dis : je t'en prie.

SILVIA. C'est que cela m'est échappé.

DORANTE. Eh bien, crois-moi, parlons comme nous pour-
10 rons, ce n'est pas la peine de nous gêner pour le peu de temps que nous avons à nous voir.

SILVIA. Est-ce que ton maître s'en va ? il n'y aurait pas grande perte.

DORANTE. Ni à moi non plus[2], n'est-il pas vrai ? j'achève
15 ta pensée.

SILVIA. Je l'achèverais bien moi-même si j'en avais envie : mais je ne songe pas à toi.

DORANTE. Et moi, je ne te perds point de vue.

SILVIA. Tiens, Bourguignon, une bonne fois pour toutes,
20 demeure, va-t'en, reviens, tout cela doit m'être indifférent, et me l'est en effet, je ne te veux ni bien ni mal, je ne te hais, ni ne t'aime, ni ne t'aimerai à moins que l'esprit ne me

---

1. **Éloignement :** antipathie.
2. **Ni à moi non plus :** ni à ce que je m'en aille aussi.

tourne[1] ; voilà mes dispositions, ma raison ne m'en permet point d'autres, et je devrais me dispenser de te le dire.

25 DORANTE. Mon malheur est inconcevable, tu m'ôtes peut-être tout le repos de ma vie.

SILVIA. Quelle fantaisie[2] il s'est allé mettre dans l'esprit ! il me fait de la peine : reviens à toi ; tu me parles, je te réponds, c'est beaucoup, c'est trop même, tu peux m'en croire, et si tu
30 étais instruit, en vérité tu serais content de moi, tu me trouverais d'une bonté sans exemple, d'une bonté que je blâmerais dans une autre : je ne me la reproche pourtant pas, le fond de mon cœur me rassure, ce que je fais est louable, c'est par générosité que je te parle mais il ne faut pas que cela
35 dure, ces générosités-là ne sont bonnes qu'en passant, et je ne suis pas faite pour me rassurer toujours sur l'innocence de mes intentions[3] ; à la fin, cela ne ressemblerait plus à rien ; ainsi finissons, Bourguignon, finissons je t'en prie ; qu'est-ce que cela signifie ? c'est se moquer, allons, qu'il n'en soit plus
40 parlé.

DORANTE. Ah, ma chère Lisette, que je souffre !

SILVIA. Venons à ce que tu voulais me dire ; tu te plaignais de moi quand tu es entré, de quoi était-il question ?

DORANTE. De rien, d'une bagatelle, j'avais envie de te voir,
45 et je crois que je n'ai pris qu'un prétexte.

SILVIA, *à part*. Que dire à cela ? quand je m'en fâcherais, il n'en serait ni plus ni moins.

DORANTE. Ta maîtresse en partant a paru m'accuser de t'avoir parlé au désavantage de mon maître.

---

1. **Que l'esprit ne me tourne** : que je ne perde la tête.
2. **Fantaisie** : idée folle.
3. **Je ne suis pas faite... intentions** : je ne suis pas de nature à me rassurer toujours en invoquant l'innocence de mes intentions.

50 SILVIA. Elle se l'imagine, et si elle t'en parle encore, tu peux le nier hardiment, je me charge du reste.

DORANTE. Eh, ce n'est pas cela qui m'occupe !

SILVIA. Si tu n'as que cela à me dire, nous n'avons plus que faire ensemble.

55 DORANTE. Laisse-moi du moins le plaisir de te voir.

SILVIA. Le beau motif qu'il me fournit là ! j'amuserai[1] la passion de Bourguignon ! le souvenir de tout ceci me fera bien rire un jour.

DORANTE. Tu me railles, tu as raison, je ne sais ce que je 60 dis, ni ce que je te demande ; adieu.

SILVIA. Adieu, tu prends le bon parti... Mais, à propos de tes adieux, il me reste encore une chose à savoir. Vous partez, m'as-tu dit, cela est-il sérieux ?

DORANTE. Pour moi, il faut que je parte, ou que la tête me 65 tourne.

SILVIA. Je ne t'arrêtais pas pour cette réponse-là[2], par exemple.

DORANTE. Et je n'ai fait qu'une faute, c'est de n'être pas parti dès que je t'ai vue.

70 SILVIA, à part. J'ai besoin à tout moment d'oublier que je l'écoute.

DORANTE. Si tu savais, Lisette, l'état où je me trouve...

SILVIA. Oh, il n'est pas si curieux à savoir que le mien, je t'en assure.

---

1. J'amuserai : j'entretiendrai par de faux espoirs.
2. Je ne t'arrêtais pas pour cette réponse-là : je ne te retenais pas pour entendre cette réponse.

75 DORANTE. Que peux-tu me reprocher ? je ne me propose pas de te rendre sensible[1].

SILVIA, *à part.* Il ne faudrait pas s'y fier.

DORANTE. Et que pourrais-je espérer en tâchant de me faire aimer ? hélas ! quand même j'aurais ton cœur...

80 SILVIA. Que le ciel m'en préserve ! quand tu l'aurais, tu ne le saurais pas, et je ferais si bien que je ne le saurais pas moi-même : tenez, quelle idée il lui vient là !

DORANTE. Il est donc bien vrai que tu ne me hais, ni ne m'aimes, ni ne m'aimeras ?

85 SILVIA. Sans difficulté[2].

DORANTE. Sans difficulté ! Qu'ai-je donc de si affreux ?

SILVIA. Rien, ce n'est pas là ce qui te nuit.

DORANTE. Eh bien, chère Lisette, dis-le-moi cent fois, que tu ne m'aimeras point.

90 SILVIA. Oh, je te l'ai assez dit, tâche de me croire.

DORANTE. Il faut que je le croie ! Désespère une passion dangereuse, sauve-moi des effets[3] que j'en crains ; tu ne me hais, ni ne m'aimes, ni ne m'aimeras ! accable mon cœur de cette certitude-là ! j'agis de bonne foi, donne-moi du secours 95 contre moi-même, il m'est nécessaire, je te le demande à genoux. *Il se jette à genoux. Dans ce moment, Monsieur Orgon et Mario entrent et ne disent mot.*

SILVIA. Ah, nous y voilà ! il ne manquait plus que cette façon-là[4] à mon <u>aventure</u> ; que je suis malheureuse ! c'est ma

---

1. **Sensible :** sensible à mon amour, amoureuse.
2. **Sans difficulté :** je peux te le dire sans difficulté.
3. **Effets :** conséquences.
4. **Cette façon-là :** une action de ce genre.

100 facilité[1] qui le place là ; lève-toi donc. Bourguignon, je t'en
conjure, il peut venir quelqu'un, je dirai ce qu'il te plaira, que
me veux-tu ? je ne te hais point, lève-toi, je t'aimerais si je
pouvais, tu ne me déplais point, cela doit te suffire.

DORANTE. Quoi, Lisette, si je n'étais pas ce que je suis, si
105 j'étais riche, d'une condition honnête[2], et que je t'aimasse
autant que je t'aime, ton cœur n'aurait point de répugnance
pour moi ?

SILVIA. Assurément.

DORANTE. Tu ne me haïrais pas, tu me souffrirais ?

110 SILVIA. Volontiers, mais lève-toi.

DORANTE. Tu parais le dire sérieusement ; et si cela est, ma
raison est perdue.

SILVIA. Je dis ce que tu veux, et tu ne te lèves point.

Scène 10. Monsieur Orgon, Mario, Silvia, Dorante.

MONSIEUR ORGON. C'est bien dommage de vous interrompre, cela va à merveille, mes enfants, courage !

SILVIA. Je ne saurais empêcher ce garçon de se mettre à
genoux, Monsieur, je ne suis pas en état de lui en imposer[3],
5 je pense.

MONSIEUR ORGON. Vous vous convenez parfaitement bien
tous deux ; mais j'ai à te dire un mot, Lisette, et vous repren-

---

1. **Facilité** : complaisance, indulgence.
2. **Honnête** : honorable.
3. **Lui en imposer** : lui commander le respect.

drez votre conversation quand nous serons partis : vous le voulez bien, Bourguignon ?

10 DORANTE. Je me retire, Monsieur.

MONSIEUR ORGON. Allez, et tâchez de parler de votre maître avec un peu plus de ménagement que vous ne faites.

DORANTE. Moi, Monsieur ?

MARIO. Vous-même, mons Bourguignon ; vous ne brillez
15 pas trop dans le respect que vous avez pour votre maître[1], dit-on.

DORANTE. Je ne sais ce qu'on veut dire.

MONSIEUR ORGON. Adieu, adieu ; vous vous justifierez une autre fois.

---

1. **Vous ne brillez pas trop... maître :** vous ne semblez pas avoir beaucoup de respect pour votre maître.

Repères

• Depuis quand Silvia et Dorante ne s'étaient pas retrouvés en tête-à-tête ?
• À quelle autre scène l'interruption de la déclaration amoureuse provoquée par Monsieur Orgon et Mario vous fait-elle penser ?

Observation

• Comment s'articule la scène 9 ?
• Comment Dorante et Silvia prolongent-ils l'entretien ?
• Quel est le rôle des apartés de Silvia ?
• Quel est le sens de la querelle sur le tutoiement ?
• Expliquez le dilemme dans lequel se trouvent Silvia et Dorante.
• Repérez les occurrences de la figure classique du combat entre l'amour et la raison.
• Que veut dire Silvia par « *si tu étais instruit* » (l. 29-30) ?
• Étudiez l'accent pathétique de certaines répliques de Dorante.
• « *... je ne te hais point* » (l. 102) : quelle est cette figure de style ? Quelle réplique du théâtre classique vous rappelle-t-elle ?
• Qu'avoue Silvia à la fin de la scène 9 ?
• Comparez la scène 9 avec la scène 5. Quels effets de miroir (langage, gestuelle) observez-vous ? La progression entre les deux couples se fait-elle au même rythme ?
• De quoi Mario et Monsieur Orgon accusent-ils Dorante ? Quel type d'humiliation subit ici Dorante ?

Interprétations

• Quel est l'intérêt psychologique et dramaturgique de la présence silencieuse de Monsieur Orgon et de Mario ?
• Quel personnage avait déjà été surpris aux genoux de son amante ? Quel est l'effet produit par cette symétrie ?
• Quelle est la situation du spectateur par rapport aux deux protagonistes ?

SCÈNE 11. SILVIA, MARIO, MONSIEUR ORGON.

MONSIEUR ORGON. Eh bien, Silvia, vous ne nous regardez pas, vous avez l'air tout embarrassé.

SILVIA. Moi, mon père ! et où serait le motif de mon embarras ? Je suis, grâce au ciel, comme à mon ordinaire ; je suis
5 fâchée de vous dire que c'est une idée[1].

MARIO. Il y a quelque chose, ma sœur, il y a quelque chose.

SILVIA. Quelque chose dans votre tête, à la bonne heure, mon frère ; mais, pour dans la mienne[2], il n'y a que l'étonnement de ce que vous dites.

10 MONSIEUR ORGON. C'est donc ce garçon qui vient de sortir qui t'inspire cette extrême antipathie que tu as pour son maître ?

SILVIA. Qui ? le domestique de Dorante ?

MONSIEUR ORGON. Oui, le galant Bourguignon.

15 SILVIA. Le galant Bourguignon, dont je ne savais pas l'épithète, ne me parle pas de lui.

MONSIEUR ORGON. Cependant, on prétend que c'est lui qui le détruit[3] auprès de toi, et c'est sur quoi j'étais bien aise de te parler.

20 SILVIA. Ce n'est pas la peine, mon père, et personne au monde que son maître ne m'a donné l'aversion naturelle que j'ai pour lui.

---

1. **C'est une idée :** c'est un produit de votre imagination.
2. **Pour dans la mienne :** pour ce qu'il y a dans la mienne.
3. **Le détruit :** le discrédite.

MARIO. Ma foi, tu as beau dire, ma sœur, elle est trop forte pour être si naturelle, et quelqu'un y a aidé.

25 SILVIA, *avec vivacité*. Avec quel air mystérieux vous me dites cela, mon frère ! Et qui est donc ce quelqu'un qui y a aidé ? Voyons.

MARIO. Dans quelle humeur es-tu, ma sœur, comme tu t'emportes !

30 SILVIA. C'est que je suis bien lasse de mon personnage, et je me serais déjà démasquée si je n'avais pas craint de fâcher mon père.

MONSIEUR ORGON. Gardez-vous-en bien, ma fille, je viens ici pour vous le recommander ; puisque j'ai eu la complai-
35 sance de vous permettre votre déguisement, il faut, s'il vous plaît, que vous ayez celle de suspendre votre jugement sur Dorante, et de voir si l'aversion qu'on vous a donnée pour lui est légitime.

SILVIA. Vous ne m'écoutez donc point, mon père ! Je vous
40 dis qu'on ne me l'a point donnée.

MARIO. Quoi, ce babillard qui vient de sortir ne t'a pas un peu dégoûtée de lui ?

SILVIA, *avec feu*. Que vos discours sont désobligeants ! m'a dégoûtée de lui, dégoûtée ! j'essuie des expressions bien
45 étranges ; je n'entends plus que des choses inouïes, qu'un langage inconcevable ; j'ai l'air embarrassé, il y a quelque chose, et puis c'est le galant Bourguignon qui m'a dégoûtée, c'est tout ce qui vous plaira, mais je n'y entends rien.

MARIO. Pour le coup, c'est toi qui es étrange : à qui en as-
50 tu donc ? d'où vient que tu es si fort sur le qui-vive, dans quelle idée nous soupçonnes-tu ?[1]

---

1. **Dans quelle idée nous soupçonnes-tu ?** : quelle intention nous prêtes-tu ?

SILVIA. Courage, mon frère, par quelle fatalité aujourd'hui ne pouvez-vous me dire un mot qui ne me choque ? Quel soupçon voulez-vous qui me vienne ? Avez-vous des
55 visions ?[1]

MONSIEUR ORGON. Il est vrai que tu es si agitée que je ne te reconnais point non plus. Ce sont apparemment ces mouvements[2]-là qui sont cause que Lisette nous a parlé comme elle a fait ; elle accusait ce valet de ne t'avoir pas entretenue
60 à l'avantage de son maître, et Madame, nous a-t-elle dit, l'a défendu contre moi avec tant de colère, que j'en suis encore toute surprise, et c'est sur ce mot de surprise que nous l'avons querellée ; mais ces gens-là ne savent pas la conséquence[3] d'un mot.

65 SILVIA. L'impertinente ! y a-t-il rien de plus haïssable que cette fille-là ? J'avoue que je me suis fâchée par un esprit de justice pour ce garçon.

MARIO. Je ne vois point de mal à cela.

SILVIA. Y a-t-il rien de plus simple ? Quoi, parce que je suis
70 équitable, que je veux qu'on ne nuise à personne, que je veux sauver un domestique du tort qu'on peut lui faire auprès de son maître, on dit que j'ai des emportements, des fureurs dont on est surprise : un moment après un mauvais esprit raisonne, il faut se fâcher, il faut la faire taire, et prendre mon
75 parti contre elle à cause de la conséquence de ce qu'elle dit ? mon parti ! j'ai donc besoin qu'on me défende, qu'on me justifie ? on peut donc mal interpréter ce que je fais ? mais que fais-je ? de quoi m'accuse-t-on ? instruisez-moi, je vous en conjure ; cela est-il sérieux, me joue-t-on, se moque-t-on
80 de moi ? je ne suis pas tranquille.

---

1. **Avez-vous des visions ? :** avez-vous perdu la raison ?
2. **Mouvements :** « impulsions, passions ou affections de l'âme » (*Dictionnaire de l'Académie*, 1694).
3. **Conséquence :** implications.

Monsieur Orgon, Mario et Silvia, masqués en singes.
Mise en scène d'Alfredo Arias. Théâtre de la Commune, Aubervilliers, 1987.

MONSIEUR ORGON. Doucement donc.

SILVIA. Non, Monsieur, il n'y a point de douceur qui tienne : comment donc, des surprises, des conséquences ! Eh qu'on s'explique, que veut-on dire ? On accuse ce valet, et on a
85 tort ; vous vous trompez tous, Lisette est une folle, il est innocent, et voilà qui est fini ; pourquoi donc m'en reparler encore ? car je suis outrée !

MONSIEUR ORGON. Tu te retiens, ma fille, tu aurais grande envie de me quereller aussi ; mais faisons mieux, il n'y a que
90 ce valet qui soit suspect ici, Dorante n'a qu'à le chasser.

SILVIA. Quel malheureux déguisement ! Surtout que Lisette ne m'approche pas, je la hais plus que Dorante.

MONSIEUR ORGON. Tu la verras si tu veux, mais tu dois

être charmée que ce garçon s'en aille, car il t'aime, et cela
95 t'importune assurément.

SILVIA. Je n'ai point à m'en plaindre, il me prend pour une
suivante, et il me parle sur ce ton-là ; mais il ne me dit pas
ce qu'il veut, j'y mets bon ordre.

MARIO. Tu n'en es pas tant la maîtresse que tu le dis bien.

100 MONSIEUR ORGON. Ne l'avons-nous pas vu se mettre à
genoux malgré toi ? n'as-tu pas été obligée, pour le faire
lever, de lui dire qu'il ne te déplaisait pas ?

SILVIA, *à part*. J'étouffe.

MARIO. Encore a-t-il fallu, quand il t'a demandé si tu l'ai-
105 merais, que tu aies tendrement ajouté : Volontiers, sans quoi
il y serait encore.

SILVIA. L'heureuse apostille[1], mon frère ! mais comme
l'action m'a déplu, la répétition[2] n'en est pas aimable ; ah ça
parlons sérieusement, quand finira la comédie que vous don-
110 nez sur mon compte ?

MONSIEUR ORGON. La seule chose que j'exige de toi, ma
fille, c'est de ne te déterminer à le refuser qu'avec connaissance de cause ; attends encore, tu me remercieras du délai
que je demande, je t'en réponds.

115 MARIO. Tu épouseras Dorante, et même avec inclination[3],
je te le prédis... Mais, mon père, je vous demande grâce pour
le valet.

SILVIA. Pourquoi grâce ? et moi je veux qu'il sorte.

MONSIEUR ORGON. Son maître en décidera, allons-nous-
120 en.

MARIO. Adieu, adieu ma sœur, sans rancune.

---

1. **Apostille :** remarque ou note ajoutée en marge ou au bas d'un texte.
2. **La répétition :** le fait de le rappeler.
3. **Inclination :** amour.

Repères

• De quoi Mario et Monsieur Orgon viennent-ils d'être témoins ?
• À quelle autre scène celle-ci fait-elle écho ?

Observation

• Dégagez les mouvements de la scène.
• Relevez les procédés utilisés par Monsieur Orgon et Mario pour faire des insinuations. Comment Silvia réagit-elle ?
• Quel est l'intérêt psychologique et dramaturgique de la présence silencieuse de Monsieur Orgon et de Mario ?
• Que sous-entend Silvia en disant : « *Le galant Bourguignon dont je ne savais pas l'épithète* » (l. 15-16) ?
• Qu'invoque Silvia comme prétexte pour prendre le parti de Bourguignon ? Étudiez le champ lexical de ses répliques.
• Que révèlent les didascalies ?
• Quelle est la tactique poursuivie par Mario et Monsieur Orgon en répétant les paroles de Lisette ?
• Étudiez la tirade de Silvia (reprise de mots, champ lexical, modalités, l. 69-80). Comment progresse-t-elle ?
• Quel coup final Mario et Monsieur Orgon assènent-ils à Silvia ?

Interprétations

• Relevez les propos à double sens de Mario et de Monsieur Orgon. Quel effet ont-ils sur le spectateur ?
• En quoi la réplique de Silvia : « *je me serais déjà démasquée si je n'avais pas craint de fâcher mon père* » (l. 30-32), peut-elle faire sourire le spectateur ?
• Quelle réplique de Silvia confère à Mario et Monsieur Orgon un rôle de meneurs de jeu ?

SCÈNE 12. SILVIA *seule*,
DORANTE *qui vient peu après*.

SILVIA. Ah, que j'ai le cœur serré ! je ne sais ce qui se mêle à l'embarras où je me trouve, toute cette <u>aventure</u>-ci m'afflige, je me défie de tous les visages, <u>je ne suis contente de personne</u>, <u>je ne le suis pas de moi-même</u>.

5 DORANTE. Ah, je te cherchais, Lisette.

SILVIA. Ce n'était pas la peine de me trouver, car <u>je te fuis, moi</u>.

DORANTE. Arrête donc, Lisette, j'ai à te parler pour la dernière fois, il s'agit d'une chose de conséquence qui regarde 10 tes maîtres.

SILVIA. Va la dire à eux-mêmes, je ne te vois jamais que[1] tu ne me chagrines, laisse-moi.

DORANTE. Je t'en offre autant ; mais écoute-moi, te dis-je, tu vas voir les choses bien changer de face, par ce que je te 15 vais dire.

SILVIA. Eh bien, parle donc, je t'écoute, puisqu'il est arrêté que ma complaisance pour toi sera éternelle.

DORANTE. Me promets-tu le secret ?

SILVIA. Je n'ai jamais trahi personne.

20 DORANTE. <u>Tu ne dois la confidence que je vais te faire qu'à l'estime que j'ai pour toi</u>.

SILVIA. Je le crois ; mais tâche de m'estimer sans me le dire, car cela sent le prétexte.

DORANTE. Tu te trompes, Lisette : tu m'as promis le secret ;

---

1. **Que** : sans que.

25 achevons, tu m'as vu dans de grands mouvements, je n'ai pu
me défendre[1] de t'aimer.

SILVIA. Nous y voilà : je me défendrai bien de t'entendre,
moi ; adieu.

DORANTE. Reste, ce n'est plus Bourguignon qui te parle.

30 SILVIA. Eh, qui es-tu donc ?

DORANTE. Ah, Lisette ! c'est ici où tu vas juger des peines
qu'a dû ressentir mon cœur.

SILVIA. Ce n'est pas à ton cœur à qui je parle, c'est à toi.

DORANTE. Personne ne vient-il ?

35 SILVIA. Non.

DORANTE. L'état où sont toutes les choses me force à te le
dire, je suis trop honnête homme pour n'en pas arrêter le
cours.

SILVIA. Soit.

40 DORANTE. Sache que celui qui est avec ta maîtresse n'est
pas ce qu'on pense.

SILVIA, *vivement*. Qui est-il donc ?

DORANTE. Un valet.

SILVIA. Après ?

45 DORANTE. C'est moi qui suis Dorante.

SILVIA, *à part*. Ah ! je vois clair dans mon cœur.

DORANTE. Je voulais sous cet habit pénétrer[2] un peu ce que

---

1. **Me défendre :** m'empêcher.
2. **Pénétrer :** découvrir.

c'était que ta maîtresse, avant de l'épouser. Mon père, en
partant[1], me permit ce que j'ai fait, et l'événement[2] m'en
50 paraît un songe : je hais la maîtresse dont je devais être
l'époux, et j'aime la suivante qui ne devait trouver en moi
qu'un nouveau maître. Que faut-il que je fasse à présent ? Je
rougis pour elle de le dire, mais ta maîtresse a si peu de goût
qu'elle est éprise de mon valet au point qu'elle l'épousera si
55 on la laisse faire. Quel parti prendre ?

SILVIA, *à part.* Cachons-lui qui je suis... *Haut.* Votre situation est neuve assurément ! mais, Monsieur, je vous fais
d'abord mes excuses de tout ce que mes discours ont pu avoir
d'irrégulier dans nos entretiens.

60 DORANTE, *vivement.* Tais-toi, Lisette ; tes excuses me cha-
grinent, elles me rappellent la distance qui nous sépare, et ne
me la rendent que plus douloureuse.

SILVIA. Votre penchant pour moi est-il si sérieux ? m'aimez-
vous jusque-là ?

65 DORANTE. Au point de renoncer à tout engagement[3], puisqu'il ne m'est pas permis d'unir mon sort au tien ; et dans
cet état, la seule douceur que je pouvais goûter, c'était de
croire que tu ne me haïssais pas.

SILVIA. Un cœur qui m'a choisie dans la condition où je suis,
70 est assurément bien digne qu'on l'accepte, et je le payerais
volontiers du mien, si je ne craignais pas de le jeter dans un
engagement qui lui ferait tort.

DORANTE. N'as-tu pas assez de charmes, Lisette ? y ajoutes-
tu encore la noblesse avec laquelle tu me parles ?

75 SILVIA. J'entends quelqu'un, patientez encore sur l'article

---

1. **En partant :** quand je suis parti.
2. **L'événement :** le résultat.
3. **Engagement :** mariage.

de[1] votre valet, les choses n'iront pas si vite, nous nous rever-
rons, et nous chercherons les moyens de vous tirer d'affaire.

DORANTE. Je suivrai tes conseils. *Il sort.*

SILVIA. Allons, j'avais grand besoin que ce fût là Dorante.

SCÈNE 13. SILVIA, MARIO.

MARIO. Je viens te retrouver, ma sœur : nous t'avons laissée
dans des inquiétudes qui me touchent : je veux t'en tirer,
écoute-moi.

SILVIA, *vivement.* Ah vraiment, mon frère, il y a bien
5 d'autres nouvelles !

MARIO. Qu'est-ce que c'est ?

SILVIA. Ce n'est point Bourguignon, mon frère, c'est
Dorante.

MARIO. Duquel parlez-vous donc ?

10 SILVIA. De lui, vous dis-je, je viens de l'apprendre tout à
l'heure[2], il sort, il me l'a dit lui-même.

MARIO. Qui donc ?

SILVIA. Vous ne m'entendez donc pas ?

MARIO. Si j'y comprends rien, je veux mourir

15 SILVIA. Venez, sortons d'ici, allons trouver mon père, il faut
qu'il le sache ; j'aurai besoin de vous aussi, mon frère, il me
vient de nouvelles idées, il faudra feindre de m'aimer, vous

---

1. **Sur l'article de :** au sujet de.
2. **Tout à l'heure :** à l'instant.

en avez déjà dit quelque chose en badinant ; mais surtout gardez bien le secret, je vous en prie.

20 MARIO. Oh je le garderai bien, car je ne sais ce que c'est.

SILVIA. Allons, mon frère, venez, ne perdons point de temps ; il n'est jamais rien arrivé d'égal à cela !

MARIO. Je prie le ciel qu'elle n'extravague[1] pas.

---

1. **Extravague :** divague, déraisonne.

Repères

- Dans quelle situation Silvia se trouve-t-elle au début de la scène 12 ?
- En quoi la scène 12 est-elle un point culminant ?
- Comment les scènes 12 et 13 sont-elles liées ?

Observation

- Comment Dorante révèle-t-il son identité ? Distinguez les différentes étapes de l'aveu. Quels mots révélateurs Dorante emploie-t-il ?
- Quelle réplique de Silvia traduit la fin de son conflit intérieur ? Commentez les termes employés.
- Comment Dorante résume-t-il son dilemme ?
- Silvia fait-elle un aveu réciproque à Dorante ?
- Comparez les changements de ton de Silvia entre le début et la fin de la scène 12.
- Dans quelle intention Mario entre-t-il en scène ?
- Quelle attitude adopte-t-il face aux révélations de Silvia ?
- À quelle scène est-il fait allusion dans la réplique de Silvia : « ... *vous en avez déjà dit quelque chose en badinant* » (l. 17-18) ?
- Quel est le but du nouveau stratagème de Silvia ? Quelle incidence a-t-il sur l'action ?

Interprétations

- Étudiez le vocabulaire qui se développe à la fin de la scène 12 : que révèle-t-il de l'ordre social de l'époque ?
- En quoi l'utilisation du terme « *noblesse* » (scène 12, l. 74) par Dorante peut-elle faire sourire le spectateur ?
- Imaginez le jeu de scène de Mario sur sa dernière réplique (scène 13).

Tout l'acte II est construit selon un principe de parallélisme entre les actions des maîtres et celles des valets, celles des hommes et des femmes, mais aussi entre l'évolution des sentiments de chacun des couples, et le langage dans lequel ils s'expriment. Ces rapprochements opérés par la reprise de situations identiques permettent également une mise à distance.

Ressemblance et rivalité des femmes

Lisette est présente dans la première moitié de l'acte, confrontée à Monsieur Orgon (scènes 1 et 2) et à Arlequin (2 à 6). De manière symétrique, Silvia apparaît dans la seconde partie où elle fait face à Dorante (9 et 12), puis à son père (10 et 11). Les deux femmes sont mises ici sur un plan d'égalité par rapport à l'autorité paternelle et également manipulées par le meneur de jeu, mais Lisette a l'avantage sur sa maîtresse quant au déroulement de son intrigue amoureuse. Les deux femmes se retrouvent en tête-à-tête au milieu de l'acte (scène 7), dans une scène de dispute qui met en évidence leur rivalité. Non qu'elles soient éprises du même homme, mais parce que Lisette, revendiquant le droit d'épouser un « homme de condition », refuse d'obéir à sa maîtresse qui lui demande de décourager son prétendant.

Les maîtres humiliés

Dorante et Silvia, en deux scènes parallèles, sont tous deux rudoyés par leurs domestiques et subissent l'humiliation liée à leur habit d'emprunt. Dans la scène 4, Arlequin renvoie Dorante en ces termes : « *Maudite soit la valetaille qui ne saurait nous laisser en repos !* » Il agit de même avec Silvia dans la scène 6 en s'exclamant : « *Ah, les sottes gens que nos gens !* » Silvia se heurte également à sa servante dans la scène 7, les insinuations de celle-ci trouvant un écho dans les propos de Monsieur Orgon et de Mario dans la scène 11. Lisette dit de Dorante qu'il est « *homme à vous avoir conté [...] des histoires maladroites* » (scène 7) et Mario parle d'un « *babillard* » (scène 11). Les humiliations infligées par Lisette, puis par Mario et Orgon aboutissent au même résultat : Silvia se voit obligée de prendre la défense de

Dorante. Humilié par Arlequin scène 4, Dorante l'est aussi scène 10 par Mario et Orgon, qui le renvoient sans ménagement.

Des intrigues amoureuses parallèles

Arlequin et Lisette sont interrompus par Dorante (scène 4), puis par Silvia (scène 6). Ces interruptions successives suspendent les déclarations des amants. De même, Dorante et Silvia sont interrompus par Orgon et Mario (scène 10), retardant ainsi la révélation de l'identité de Dorante. On observe aussi une symétrie de la gestuelle des amants : dans la scène 5, Arlequin se jette aux genoux de Lisette. Dorante se trouve dans la même posture scène 9, ce qui entraîne un effet de miroir comique et montre l'avance qu'ont prise les valets sur les maîtres. Chaque scène est donc l'annonce ou la reprise modulée d'une scène précédente, avec les effets comiques propres au mécanisme de répétition. Le parallélisme force la caricature et le burlesque. Mais le rapprochement entre les deux intrigues met surtout en évidence les différences entre les deux groupes sociaux qu'incarne respectivement chacun des couples. Scènes courtes pour les valets, longues pour les maîtres. Les amours des valets menées tambour battant, dans une atmosphère de plaisir immédiat, s'opposent aux amours différées des maîtres.

Les variations du langage amoureux

Ces échos se retrouvent également au niveau du langage amoureux qui est parodié par les valets. Les maîtres expriment leur amour dans une langue soutenue qui rappelle parfois la tragédie classique. Ainsi Dorante (scène 9, l. 91-93) : « *Désespère une passion dangereuse, sauve-moi des effets que j'en crains ; tu ne me hais, ni ne m'aimes, ni ne m'aimeras !...* » C'est Arlequin qui prend en charge la parodie de ce langage précieux. On peut citer ces répliques de la scène 5 : « *Que voulez-vous ? je brûle, et je crie au feu* » (l. 10) et : « *Eh bien, Madame, je me meurs ; mon bonheur me confond, j'ai peur d'en courir les champs...* » (l. 21). Arlequin reprend certaines images du langage précieux. Mais en donnant à ces images une dimension prosaïque, il ridiculise le langage des maîtres. Ainsi la reprise parodique du langage renforce le système dramaturgique fondé sur un principe de contrastes.

Acte III

Scène première. Dorante, ~~Lisette~~. *Arlequin*

ARLEQUIN. Hélas, Monsieur, mon très honoré maître, je vous en conjure.

DORANTE. Encore ?

ARLEQUIN. Ayez compassion de ma bonne aventure, ne por-
5 tez point guignon[1] à mon bonheur qui va son train si ron-
dement, ne lui fermez point le passage.

DORANTE. Allons donc, misérable, je crois que tu te moques de moi ! Tu mériterais cent coups de bâton.

ARLEQUIN. Je ne les refuse point, si je les mérite ; mais
10 quand je les aurai reçus, permettez-moi d'en mériter d'autres : voulez-vous que j'aille chercher le bâton ?

DORANTE. Maraud[2] !

ARLEQUIN. Maraud soit, mais cela n'est point contraire à faire fortune.

15 DORANTE. Ce coquin[3] ! quelle imagination il lui prend !

ARLEQUIN. Coquin est encore bon[4], il me convient aussi : un maraud n'est point déshonoré d'être appelé coquin ; mais un coquin peut faire un bon mariage.

DORANTE. Comment, insolent, tu veux que je laisse un hon-

---

1. **Guignon :** malchance (au jeu, dans la vie).
2. **Maraud :** coquin, canaille.
3. **Coquin :** bandit, scélérat (terme injurieux).
4. **Coquin est encore bon :** vous pouvez me traiter de coquin.

20 nête homme dans l'erreur, et que je souffre[1] que tu épouses
sa fille sous mon nom ? Écoute, si tu me parles encore de
cette impertinence-là, dès que j'aurai averti Monsieur Orgon
de ce que tu es, je te chasse, entends-tu ?

ARLEQUIN. Accommodons-nous[2] : cette demoiselle m'adore,
25 elle m'idolâtre ; si je lui dis mon état de valet, et que nonobstant[3], son tendre cœur soit toujours friand de la noce avec
moi, ne laisserez-vous pas jouer les violons[4] ?

DORANTE. Dès qu'on te connaîtra[5], je ne m'en embarrasse
plus.

30 ARLEQUIN. Bon ! et je vais de ce pas prévenir cette généreuse
personne sur mon habit de caractère[6], j'espère que ce ne sera
pas un galon de couleur[7] qui nous brouillera ensemble, et
que son amour me fera passer à la table en dépit du sort qui
ne m'a mis qu'au buffet[8].

---

1. **Souffre :** permette.
2. **Accommodons-nous :** mettons-nous d'accord.
3. **Nonobstant :** néanmoins.
4. **Les violons :** les violons de la noce.
5. **Dès qu'on te connaîtra :** du moment qu'on saura qui tu es.
6. **Mon habit de caractère :** mon habit correspondant à ma condition de valet.
7. **Galon de couleur :** ruban ornant le vêtement dont la couleur est celle de la livrée de domestique.
8. **Buffet :** endroit où se tiennent les valets pour servir à table.

REPÈRES

• Dorante et Arlequin se sont-ils déjà vus en tête-à-tête ?
• De quelle autre scène mettant en présence maître et valet peut-on rapprocher celle-ci ?

OBSERVATION

• Étudiez le comique verbal de la scène.
• Comment Arlequin réagit-il aux injures de Dorante ?
• Qui Dorante est-il obligé d'invoquer pour se faire respecter ?
• Quelles métaphores Arlequin utilise-t-il pour désigner sa condition de valet ?
• Comment comprenez-vous sa réplique : « ... *j'espère [...] que son amour me fera passer à la table en dépit du sort qui ne m'a mis qu'au buffet* » (l. 33-34) ?

INTERPRÉTATIONS

• Imaginez les différentes attitudes et les déplacements d'Arlequin.
• En quoi le fait qu'Arlequin se sente autorisé à épouser une femme d'un rang élevé est-il choquant pour les mœurs de l'époque ?

SCÈNE 2. DORANTE *seul, et ensuite* MARIO.

DORANTE. Tout ce qui se passe ici, tout ce qui m'y est arrivé à moi-même est incroyable... Je voudrais pourtant bien voir Lisette, et savoir le succès[1] de ce qu'elle m'a promis de faire auprès de sa maîtresse pour me tirer d'embarras. Allons voir
5 si je pourrai la trouver seule.

MARIO. Arrêtez, Bourguignon, j'ai un mot à vous dire.

DORANTE. Qu'y a-t-il pour votre service, Monsieur ?

MARIO. Vous en contez à Lisette ?

DORANTE. Elle est si aimable, qu'on aurait de la peine à ne
10 lui pas parler d'amour.

MARIO. Comment reçoit-elle ce que vous lui dites ?

DORANTE. Monsieur, elle en badine[2].

MARIO. Tu as de l'esprit, ne fais-tu pas l'hypocrite ?

DORANTE. Non, mais qu'est-ce que cela vous fait ? supposez
15 que Lisette eût du goût pour moi...

MARIO. Du goût pour lui ! où prenez-vous vos termes ? Vous avez le langage bien précieux pour un garçon de votre espèce.

DORANTE. Monsieur, je ne saurais parler autrement.

20 MARIO. C'est apparemment avec ces petites délicatesses-là que vous attaquez[3] Lisette ; cela imite l'homme de condition.

DORANTE. Je vous assure, Monsieur, que je n'imite personne ; mais sans doute que vous ne venez pas exprès pour

---

1. **Succès** : résultat.
2. **Badine** : plaisante avec légèreté.
3. **Attaquez** : cherchez à séduire.

me traiter de ridicule, et vous aviez autre chose à me dire,
25 nous parlions de Lisette, de mon inclination pour elle et de l'intérêt que vous y prenez.

MARIO. Comment morbleu ! il y a déjà un ton de jalousie dans ce que tu me réponds ; modère-toi un peu. Eh bien, tu me disais qu'en supposant que Lisette eût du goût pour toi...
30 après ?

DORANTE. Pourquoi faudrait-il que vous le sussiez, Monsieur ?

MARIO. Ah, le voici[1] ; c'est que malgré le ton badin que j'ai pris tantôt[2], je serais très fâché qu'elle t'aimât ; c'est que sans
35 autre raisonnement, je te défends de t'adresser davantage à elle ; non pas dans le fond que je craigne qu'elle t'aime, elle me paraît avoir le cœur trop haut pour cela, mais c'est qu'il me déplaît à moi d'avoir Bourguignon pour rival.

DORANTE. Ma foi, je vous crois, car Bourguignon, tout
40 Bourguignon qu'il est, n'est pas même content que vous soyez le sien.

MARIO. Il prendra patience.

DORANTE. Il faudra bien ; mais Monsieur, vous l'aimez donc beaucoup ?

45 MARIO. Assez pour m'attacher sérieusement à elle, dès que j'aurai pris de certaines mesures ; comprends-tu ce que cela signifie ?

DORANTE. Oui, je crois que je suis au fait ; et sur ce pied-là[3] vous êtes aimé sans doute ?

---

1. **Le voici :** pour la raison suivante.
2. **Tantôt :** tout à l'heure.
3. **Sur ce pied-là :** à ce compte-là.

50 MARIO. Qu'en penses-tu ? Est-ce que je ne vaux pas la peine de l'être ?

DORANTE. Vous ne vous attendez pas à être loué par vos propres rivaux peut-être ?

MARIO. La réponse est de bon sens, je te la pardonne ; mais
55 je suis bien mortifié de ne pouvoir pas dire qu'on m'aime, et je ne le dis pas pour t'en rendre compte, comme tu le crois bien, mais c'est qu'il faut dire la vérité.

DORANTE. Vous m'étonnez, Monsieur, Lisette ne sait donc pas vos desseins ?

60 MARIO. Lisette sait tout le bien que je lui veux, et n'y paraît pas sensible, mais j'espère que la raison me gagnera son cœur. Adieu, retire-toi sans bruit : son indifférence pour moi malgré tout ce que je lui offre doit te consoler du sacrifice que tu me feras... Ta livrée n'est pas propre à faire pencher la balance
65 en ta faveur, et tu n'es pas fait pour lutter contre moi.

SCÈNE 3. SILVIA, DORANTE, MARIO.

MARIO. Ah, te voilà, Lisette ?

SILVIA. Qu'avez-vous, Monsieur, vous me paraissez ému ?

MARIO. Ce n'est rien, je disais un mot à Bourguignon.

SILVIA. Il est triste, est-ce que vous le querelliez [1] ?

5 DORANTE. Monsieur m'apprend qu'il vous aime, Lisette.

SILVIA. Ce n'est pas ma faute.

DORANTE. Et me défend de vous aimer.

---

1. **Querelliez** : réprimandiez.

SILVIA. Il me défend donc de vous paraître aimable[1] ?

MARIO. Je ne saurais empêcher qu'il ne t'aime, belle Lisette,
10 mais je ne veux pas qu'il te le dise.

SILVIA. Il ne me le dit plus, il ne fait que me le répéter.

MARIO. Du moins ne te le répétera-t-il pas quand je serai
présent ; retirez-vous, Bourguignon.

DORANTE. J'attends qu'elle me l'ordonne.

15 MARIO. Encore ?

SILVIA. Il dit qu'il attend, ayez donc patience.

DORANTE. Avez-vous de l'inclination pour Monsieur ?

SILVIA. Quoi, de l'amour ? oh je crois qu'il ne sera pas nécessaire qu'on me le défende.

20 DORANTE. Ne me trompez-vous pas ?

MARIO. En vérité, je joue ici un joli personnage ! qu'il sorte
donc ! à qui est-ce que je parle ?

DORANTE. À Bourguignon, voilà tout.

MARIO. Eh bien, qu'il s'en aille.

25 DORANTE, *à part.* Je souffre !

SILVIA. Cédez, puisqu'il se fâche.

DORANTE, *bas à Silvia.* Vous ne demandez peut-être pas
mieux ?

MARIO. Allons, finissons.

30 DORANTE. Vous ne m'aviez pas dit cet amour-là, Lisette.

---

1. **Aimable :** digne d'être aimé.

Repères

- Dorante a-t-il déjà été confronté à Mario ?
- Quelle est l'épreuve infligée à Dorante par Mario et Silvia ?

Observation

- Relevez les termes dépréciatifs employés par Mario à l'égard de Dorante dans la scène 2. Comment Dorante réagit-il ?
- Le langage de Dorante ne trahit-il pas son origine sociale ? Citez les répliques de Mario qui le mettent en évidence.
- Repérez le passage au tutoiement dans la bouche de Mario. Que signifie-t-il ?
- Comment comprenez-vous la réplique de Mario : « ... *la raison me gagnera son cœur* » (l. 61) ?
- L'entrée en scène de Silvia vous paraît-elle fortuite ?
- Étudiez l'enchaînement du dialogue dans la scène 3.
- Quelle est la fonction des répliques courtes ?
- Comment comprenez-vous cette interdiction de Mario à Dorante : « ... *Je ne veux pas qu'il te le dise* » (l. 10) ?
- Dorante ne sort-il pas de son rôle de valet ?
- Quelle est l'attitude adoptée par Silvia ?
- Relevez un propos à double sens de Mario : quel effet provoque-t-il ?
- À quelle réplique de Silvia dans l'acte II l'exclamation de Dorante « *Je souffre !* » (l. 25) fait-elle écho ?

Interprétations

- Quel sentiment le spectateur éprouve-t-il pour Dorante ?
- En quoi le mot « *sacrifice* » (scène 2, l. 63) est-il annonciateur du dénouement ? Que doit sacrifier Dorante pour dénouer le conflit ?
- Comment comprenez-vous cette réplique de Mario dans la scène 3 : « *à qui est-ce que je parle ?* » (l. 22) ?
- Imaginez la disposition des personnages sur scène (scène 3).

SCÈNE 4. MONSIEUR ORGON, MARIO, SILVIA.

SILVIA. Si je n'aimais pas cet homme-là, avouons que je serais bien ingrate.

MARIO, *riant*. Ha, ha, ha, ha !

MONSIEUR ORGON. De quoi riez-vous, Mario ?

5 MARIO. De la colère de Dorante qui sort, et que j'ai obligé de quitter Lisette.

SILVIA. Mais que vous a-t-il dit dans le petit entretien que vous avez eu tête à tête avec lui ?

MARIO. Je n'ai jamais vu d'homme ni plus intrigué[1] ni de 10 plus mauvaise humeur.

MONSIEUR ORGON. Je ne suis pas fâché qu'il soit la dupe de son propre stratagème, et d'ailleurs à le bien prendre il n'y a rien de si flatteur ni de plus obligeant pour lui que tout ce que tu as fait jusqu'ici, ma fille ; mais en voilà assez.

15 MARIO. Mais où en est-il précisément, ma sœur ?

SILVIA. Hélas mon frère, je vous avoue que j'ai lieu d'être contente.

MARIO. Hélas mon frère, me dit-elle : sentez-vous cette paix douce qui se mêle à ce qu'elle dit ?

20 MONSIEUR ORGON. Quoi, ma fille, tu espères qu'il ira jusqu'à t'offrir sa main dans le déguisement où te voilà ?

SILVIA. Oui, mon cher père, je l'espère !

MARIO. Friponne que tu es, avec ton cher père ! tu ne nous grondes plus à présent, tu nous dis des douceurs.

---

1. **Intrigué** : embarrassé.

25 SILVIA. Vous ne me passez rien.

MARIO. Ha, ha, je prends ma revanche ; tu m'as tantôt chicané[1] sur mes expressions, il faut bien à mon tour que je badine un peu sur les tiennes ; ta joie est bien aussi divertissante que l'était ton inquiétude.

30 MONSIEUR ORGON. Vous n'aurez point à vous plaindre de moi, ma fille, j'acquiesce à tout ce qui vous plaît.

SILVIA. Ah, Monsieur, si vous saviez combien je vous aurai d'obligation[2] ! Dorante et moi, nous sommes destinés l'un à l'autre, il doit m'épouser ; si vous saviez combien je lui tien-
35 drai compte de ce qu'il fait aujourd'hui pour moi, combien mon cœur gardera le souvenir de l'excès de tendresse qu'il me montre ; si vous saviez combien tout ceci va rendre notre union aimable, il ne pourra jamais se rappeler notre histoire sans m'aimer, je n'y songerai jamais que je ne l'aime[3] ; vous
40 avez fondé notre bonheur pour la vie, en me laissant faire, c'est un mariage unique, c'est une aventure dont le seul récit est attendrissant, c'est le coup de hasard le plus singulier, le plus heureux, le plus...

MARIO. Ha, ha, ha, que ton cœur a de caquet[4], ma sœur,
45 quelle éloquence !

MONSIEUR ORGON. Il faut convenir que le régal[5] que tu te donnes est charmant, surtout si tu achèves.

SILVIA. Cela vaut fait[6], Dorante est vaincu, j'attends mon captif.

---

1. **Chicané** : cherché querelle pour des broutilles, disputé.
2. **Combien je vous aurai d'obligation** : combien je vous serai reconnaissante.
3. **Que je ne l'aime** : sans que je l'aime.
4. **Que ton cœur a de caquet** : que ton cœur est bavard, prolixe.
5. **Régal** : divertissement.
6. **Cela vaut fait** : c'est comme si c'était fait.

50 MARIO. Ses fers[1] seront plus dorés qu'il ne pense ; mais je lui crois l'âme en peine, et j'ai pitié de ce qu'il souffre.

SILVIA. Ce qui lui en coûte à se déterminer ne me le rend que plus estimable : il pense qu'il chagrinera son père en m'épousant, il croit trahir sa fortune et sa naissance, voilà de
55 grands sujets de réflexions : je serai charmée de triompher ; mais il faut que j'arrache ma victoire, et non pas qu'il me la donne : je veux un combat entre l'amour et la raison.

MARIO. Et que la raison y périsse ?

MONSIEUR ORGON. C'est-à-dire que tu veux qu'il sente
60 toute l'étendue de l'impertinence[2] qu'il croira faire : quelle insatiable vanité d'amour-propre !

MARIO. Cela, c'est l'amour-propre d'une femme et il est tout au plus uni[3].

---

1. **Fers :** chaînes de l'amour (métaphore précieuse).
2. **Impertinence :** bêtise.
3. **Il est tout au plus uni :** c'est tout ce qu'il y a de plus banal.

Repères

• Depuis quand les membres de la famille Orgon ne se sont-ils pas retrouvés ensemble ? En quoi la situation a-t-elle changé ?
• Quelle épreuve Silvia et Mario viennent-ils de faire subir à Dorante ?

Observation

• En quoi le stratagème de Silvia est-il « *flatteur* » pour Dorante (l. 13) ?
• À quoi tient le caractère romanesque de Silvia ?
• Par quels procédés d'écriture le lyrisme amoureux apparaît-il dans la tirade de Silvia (reprises anaphoriques, hyperboles, superlatifs par exemple) ?
• En quoi Mario se montre-t-il ironique envers sa sœur ?
• La conduite de Mario envers Dorante dans la scène précédente n'est-elle pas nuancée à travers l'un de ses propos ?
• Étudiez les métaphores du langage amoureux (l. 39-43). À quel champ lexical appartiennent-elles ?
• Quel est le procédé stylistique utilisé dans la réplique de Silvia : « *Cela vaut fait, Dorante est vaincu, j'attends mon captif* » (l. 48-49) ?
• Est-ce la première fois que la figure du combat entre l'amour et la raison est évoquée ? Citez d'autres occurrences dans les scènes précédentes.
• Jusqu'où Silvia veut-elle aller dans le jeu ?

Interprétations

• Silvia agit-elle uniquement par amour-propre ? Expliquez pour quelles raisons complexes elle agit de la sorte.
• Quels termes relevant du champ lexical du théâtre mettent en évidence le statut dramaturgique de Mario ?

SCÈNE 5. MONSIEUR ORGON, SILVIA, MARIO, LISETTE.

MONSIEUR ORGON. Paix, voici Lisette : voyons ce qu'elle nous veut ?

LISETTE. Monsieur, vous m'avez dit tantôt que vous m'abandonniez Dorante, que vous livriez sa tête à ma dis-
5 crétion[1], je vous ai pris au mot, j'ai travaillé comme pour moi, et vous verrez de l'ouvrage bien faite[2], allez, c'est une tête bien conditionnée[3]. Que voulez-vous que j'en fasse à présent, Madame me la cède-t-elle ?

MONSIEUR ORGON. Ma fille, encore une fois n'y prétendez-
10 vous rien ?[4]

SILVIA. Non, je te la donne, Lisette, je te remets tous mes droits, et pour dire comme toi, je ne prendrai jamais de part à un cœur que je n'aurai pas conditionné moi-même.

LISETTE. Quoi ! vous voulez bien que je l'épouse, Monsieur
15 le veut bien aussi ?

MONSIEUR ORGON. Oui, qu'il s'accommode[5], pourquoi t'aime-t-il ?

MARIO. J'y consens aussi, moi.

LISETTE. Moi aussi, et je vous en remercie tous.

20 MONSIEUR ORGON. Attends, j'y mets pourtant une petite

---

1. **À ma discrétion :** en mon pouvoir (vocabulaire militaire).
2. **De l'ouvrage bien faite :** *ouvrage* employé au féminin relève du langage populaire.
3. **Conditionnée :** apprêtée, préparée (s'employait notamment pour des étoffes, des mets, des vins de qualité).
4. **N'y prétendez-vous rien ? :** n'avez-vous aucune prétention sur lui ?
5. **Qu'il s'accommode :** qu'il s'arrange avec toi.

restriction, c'est qu'il faudrait pour nous disculper de ce qui arrivera, que tu lui dises un peu qui tu es.

Lisette. Mais si je le lui dis un peu, il le saura tout à fait.

Monsieur Orgon. Eh bien, cette tête en si bon état, ne
25 soutiendra-t-elle pas cette secousse[1]-là ? je ne le crois pas de caractère à s'effaroucher là-dessus.

Lisette. Le voici qui me cherche, ayez donc la bonté de me laisser le champ libre, il s'agit ici de mon chef-d'œuvre.

Monsieur Orgon. Cela est juste, retirons-nous.

30 Silvia. De tout mon cœur.

Mario. Allons.

Scène 6. Lisette, Arlequin.

Arlequin. Enfin, ma Reine, je vous vois et je ne vous quitte plus, car j'ai trop pâti d'avoir manqué de votre présence, et j'ai cru que vous esquiviez la mienne.

Lisette. Il faut vous avouer, Monsieur, qu'il en était
5 quelque chose.

Arlequin. Comment donc, ma chère âme, élixir de mon cœur, avez-vous entrepris la fin de ma vie[2] ?

Lisette. Non, mon cher, la durée m'en est trop précieuse.

Arlequin. Ah, que ces paroles me fortifient !

10 Lisette. Et vous ne devez point douter de ma tendresse.

---

1. **Secousse** : émotion.
2. **Avez-vous entrepris la fin de ma vie** : vous voulez ma mort.

ARLEQUIN. Je voudrais bien pouvoir baiser ces petits mots-là, et les cueillir sur votre bouche avec la mienne.

LISETTE. Mais vous me pressiez sur notre mariage, et mon père ne m'avait pas encore permis de vous répondre ; je viens
15 de lui parler, et j'ai son aveu[1] pour vous dire que vous pouvez lui demander ma main quand vous voudrez.

ARLEQUIN. Avant que je la demande à lui, souffrez que je la demande à vous, je veux lui rendre mes grâces de la charité qu'elle aura de vouloir bien entrer dans la mienne qui en est
20 véritablement indigne.

LISETTE. Je ne refuse pas de vous la prêter un moment, à condition que vous la prendrez pour toujours.

ARLEQUIN. Chère petite main rondelette et potelée, je vous prends sans marchander, je ne suis pas en peine de l'honneur
25 que vous me ferez, il n'y a que celui que je vous rendrai qui m'inquiète.

LISETTE. Vous m'en rendrez plus qu'il ne m'en faut.

ARLEQUIN. Ah que nenni[2], vous ne savez pas cette arithmétique-là aussi bien que moi.

30 LISETTE. Je regarde pourtant votre amour comme un présent du ciel.

ARLEQUIN. Le présent qu'il vous a fait ne le ruinera pas, il est bien mesquin[3].

LISETTE. Je ne le trouve que trop magnifique.

35 ARLEQUIN. C'est que vous ne le voyez pas au grand jour.

---

1. **Aveu :** consentement.
2. **Nenni :** forme populaire de négation.
3. **Mesquin :** médiocre, de peu d'importance.

LISETTE. Vous ne sauriez croire combien votre modestie m'embarrasse.

ARLEQUIN. Ne faites point dépense d'embarras, je serais bien effronté, si je n'étais modeste.

40 LISETTE. Enfin, Monsieur, faut-il vous dire que c'est moi que votre tendresse honore ?

ARLEQUIN. Ahi, ahi, je ne sais plus où me mettre.

LISETTE. Encore une fois, Monsieur, je me connais.

ARLEQUIN. Hé, je me connais bien aussi, et je n'ai pas là
45 une fameuse connaissance, ni vous non plus, quand vous l'aurez faite ; mais c'est là le diable[1] que de me connaître, vous ne vous attendez pas au fond du sac[2].

LISETTE, *à part.* Tant d'abaissement n'est pas naturel. *Haut.* D'où vient[3] me dites-vous cela ?

50 ARLEQUIN. Et voilà où gît le lièvre[4].

LISETTE. Mais encore ? Vous m'inquiétez : est-ce que vous n'êtes pas ?...

ARLEQUIN. Ahi, ahi, vous m'ôtez ma couverture[5].

LISETTE. Sachons de quoi il s'agit.

55 ARLEQUIN, *à part.* Préparons un peu cette affaire-là... *Haut.* Madame, votre amour est il d'une constitution bien robuste, soutiendra t il bien la fatigue que je vais lui donner, un mauvais gîte lui fait il peur ? je vais le loger petitement.

---

1. **C'est là le diable :** voilà l'ennui.
2. **Au fond du sac :** aux pièces les plus secrètes, au secret de l'affaire.
3. **D'où vient :** pourquoi.
4. **Voilà où gît le lièvre :** voilà le nœud de l'affaire.
5. **Couverture :** déguisement, masque.

LISETTE. Ah, tirez-moi d'inquiétude ! en un mot qui êtes-
60 vous ?

ARLEQUIN. Je suis... n'avez-vous jamais vu de fausse monnaie ? savez-vous ce que c'est qu'un louis d'or faux ? Eh bien,
je ressemble assez à cela.

LISETTE. Achevez donc, quel est votre nom ?

65 ARLEQUIN. Mon nom ! *À part.* Lui dirai-je que je m'appelle
Arlequin ? non ; cela rime trop avec coquin.

LISETTE. Eh bien ?

ARLEQUIN. Ah dame, il y a un peu à tirer ici[1] ! Haïssez-
vous la qualité de soldat ?

70 LISETTE. Qu'appelez-vous un soldat ?

ARLEQUIN. Oui, par exemple, un soldat d'antichambre[2].

LISETTE. Un soldat d'antichambre ! ce n'est donc point
Dorante à qui je parle enfin ?

ARLEQUIN. C'est lui qui est mon capitaine.

75 LISETTE. Faquin !

ARLEQUIN, *à part.* Je n'ai pu éviter la rime.

LISETTE. Mais voyez ce magot[3] ; tenez !

ARLEQUIN, *à part.* La jolie culbute[4] que je fais là !

LISETTE. Il y a une heure que je lui demande grâce, et que
80 je m'épuise en humilités pour cet animal-là !

---

1. **Il y a un peu à tirer ici :** j'ai encore de la peine à me donner pour m'en
sortir.
2. **Soldat d'antichambre :** cette périphrase désigne le valet qui, comme un
soldat, monte la garde dans l'antichambre de son maître.
3. **Magot :** gros singe.
4. **Culbute :** chute.

ARLEQUIN. Hélas, Madame, si vous préfériez l'amour à la gloire, je vous ferais bien autant de profit qu'un monsieur.

LISETTE, *riant*. Ah, ah, ah, je ne saurais pourtant m'empêcher d'en rire ; avec sa gloire ! et il n'y a plus que ce parti-là
85 à prendre... Va, va, ma gloire te pardonne, elle est de bonne composition.

ARLEQUIN. Tout de bon, charitable Dame ? ah, que mon amour vous promet de reconnaissance !

LISETTE. Touche là, Arlequin ; je suis prise pour dupe : le
90 soldat d'antichambre de Monsieur vaut bien la coiffeuse de Madame.

ARLEQUIN. La coiffeuse de Madame !

LISETTE. C'est mon capitaine ou l'équivalent.

ARLEQUIN. Masque[1] !

95 LISETTE. Prends ta revanche.

ARLEQUIN. Mais voyez cette magotte[2], avec qui, depuis une heure, j'entre en confusion de ma misère !

LISETTE. Venons au fait ; m'aimes-tu ?

ARLEQUIN. Pardi oui, en changeant de nom, tu n'as pas
100 changé de visage, et tu sais bien que nous nous sommes promis fidélité en dépit de toutes les fautes d'orthographe[3].

LISETTE. Va, le mal n'est pas grand, consolons-nous ; ne faisons semblant de rien, et n'apprêtons point à rire[4] ; il y a apparence que ton maître est encore dans l'erreur à l'égard

---

1. **Masque** : personne masquée ; donc hypocrite.
2. **Magotte** : féminin de *magot*, néologisme employé par Arlequin pour retourner le compliment à Lisette.
3. Voir note 4 p. 75.
4. **N'apprêtons point à rire** : faisons en sorte qu'on ne rie pas de nous.

105 de ma maîtresse, ne l'avertis de rien, laissons les choses comme elles sont : je crois que le voici qui entre. Monsieur, je suis votre servante.

ARLEQUIN. Et moi votre valet, Madame. *Riant.* Ha, ha, ha !

Arlequin (Claude Brasseur) et Lisette (Françoise Giret).
Adaptation télévisée réalisée par Marcel Bluwal, 1967.

REPÈRES

• Que vient demander Lisette dans la scène 5 ? Est-ce la première fois qu'elle fait cette démarche ?
• Lisette est-elle informée de la véritable identité de son amant ?
• En quels termes Lisette et Silvia s'étaient-elles séparées ?
• Depuis quand la scène 6 était-elle attendue ?

OBSERVATION

• Comparez les métaphores de Lisette avec celles de Silvia. Repérez le changement de champ lexical.
• Que demande Monsieur Orgon à Lisette à la fin de la scène 5 ? À quoi tient le caractère comique de la réplique de Lisette ?
• Comment Monsieur Orgon reprend-il la métaphore de Lisette ? Montrez l'effet comique.
• Quel « *chef-d'œuvre* » (l. 28) Lisette pense-t-elle accomplir ?
• Dégagez les différents mouvements de la scène 6.
• Comment Arlequin passe-t-il de l'abstrait au concret et du concret à l'abstrait pour parler de la main de Lisette ? Comment Arlequin s'y prend-il pour faire son aveu ?
• Relevez les métaphores qu'utilise Arlequin pour faire deviner à Lisette la bassesse de sa condition. Étudiez le comique produit par les associations de mots.
• Comparez cette scène avec la scène 12 de l'acte II. En quoi la scène des aveux des valets diffère-t-elle de celle des maîtres ?
• Qui avait déjà comparé Arlequin à un « *animal* » (l. 80) ?
• Observez le passage au tutoiement : à quel moment correspond-il ?
• Montrez le sens de l'humour dont font preuve les valets à la fin de la scène.
• Quel est désormais le seul personnage à ignorer le travestissement ?

Interprétations

• Comparez la situation de la maîtresse et celle de la suivante. En quoi sont-elles semblables ? En quoi diffèrent-elles ?

• Quel geste accompagne le « *je vous en remercie tous* » de Lisette (scène 5, l. 19) ?

• Comment Lisette prononce-t-elle : « *Va, va, ma gloire te pardonne* » (scène 6, l. 85) ?

• Quel jeu de scène accompagne le « *tenez* » de Lisette (scène 6 l. 77) ?

• Imaginez les jeux de scène de Lisette et Arlequin lorsqu'ils sortent.

SCÈNE 7. DORANTE, ARLEQUIN.

DORANTE. Eh bien, tu quittes la fille d'Orgon, lui as-tu dit qui tu étais ?

ARLEQUIN. Pardi oui, la pauvre enfant, j'ai trouvé son cœur plus doux qu'un agneau, il n'a pas soufflé[1]. Quand je lui ai
5 dit que je m'appelais Arlequin, et que j'avais un habit d'ordonnance[2] : Eh bien mon ami, m'a-t-elle dit, chacun a son nom dans la vie, chacun a son habit, le vôtre ne vous coûte rien, cela ne laisse pas que d'être gracieux.

DORANTE. Quelle sotte histoire me contes-tu là ?

10 ARLEQUIN. Tant y a[3] que je vais la demander en mariage.

DORANTE. Comment, elle consent à t'épouser ?

ARLEQUIN. La voilà bien malade.

DORANTE. Tu m'en imposes[4], elle ne sait pas qui tu es.

ARLEQUIN. Par la ventrebleu[5], voulez-vous gager que je
15 l'épouse avec la casaque[6] sur le corps, avec une souguenille[7], si vous me fâchez ? je veux bien que vous sachiez qu'un amour de ma façon n'est point sujet à la casse[8], que je n'ai

---

1. **Il n'a pas soufflé :** il n'a pas soufflé mot.
2. **Habit d'ordonnance :** uniforme.
3. **Tant y a :** tant et si bien (expression populaire).
4. **Tu m'en imposes :** tu me racontes des histoires.
5. **Par la ventrebleu :** juron, forme atténuée de *par le ventre de Dieu*.
6. **Casaque :** veste de domestique.
7. **Souguenille** (ou *souquenille*) : veste de toile grossière pour faire les gros travaux, notamment de cocher, de palefrenier.
8. **Sujet à la casse :** sujet à être détruit.

Dorante (Jean-Pierre Cassel) et Arlequin (Claude Brasseur).
Adaptation télévisée réalisée par Marcel Bluwal, 1967.

pas besoin de votre friperie[1] pour pousser ma pointe[2], et que vous n'avez qu'à me rendre la mienne.

20 DORANTE. Tu es un fourbe, cela n'est pas concevable, et je vois bien qu'il faudra que j'avertisse Monsieur Orgon.

ARLEQUIN. Qui ? notre père ? ah, le bon homme, nous l'avons dans notre manche : c'est le meilleur humain, la meilleure pâte d'homme !... vous m'en direz des nouvelles.

---

1. **Friperie :** vêtement défraîchi qui avait déjà été porté avant d'être vendu. Désigne ici l'habit du maître.
2. **Pousser ma pointe :** placer mon attaque, triompher. Cette expression empruntée au vocabulaire de l'escrime signifiait aussi « se pousser dans le monde » (*Dictionnaire de l'Académie*).

25 DORANTE. Quel extravagant ! as-tu vu Lisette ?

ARLEQUIN. Lisette ! non ; peut-être a-t-elle passé devant mes yeux, mais un honnête homme ne prend pas garde à une chambrière[1] : je vous cède ma part de cette attention-là.

DORANTE. Va-t'en, la tête te tourne.

30 ARLEQUIN. Vos petites manières sont un peu aisées, mais c'est la grande habitude qui fait cela. Adieu, quand j'aurai épousé, nous vivrons but à but[2]. Votre soubrette arrive. Bonjour, Lisette, je vous recommande Bourguignon, c'est un garçon qui a quelque mérite.

---

1. **Chambrière :** femme de chambre.
2. **But à but :** sur un pied d'égalité.

Repères

• De quelle information Arlequin dispose-t-il contrairement à son maître ?

Observation

• Quels termes dépréciatifs Arlequin emploie-t-il à l'égard de Dorante ?
• Quelle périphrase utilise-t-il pour désigner Orgon ? Quel est l'effet obtenu ?
• Commentez l'utilisation de l'expression « *honnête homme* » (l. 27).

Interprétations

• Montrez la récurrence du motif du vêtement comme mode de désignation sociale (voir également la scène 1 de l'acte III).
• Imaginez les jeux de scène d'Arlequin.
• Que revendique ici Arlequin ? En quoi annonce-t-il Figaro ?
• S'agit-il pour autant d'une réelle menace pour l'ordre social ?

SCÈNE 8. DORANTE, SILVIA.

DORANTE, *à part*. Qu'elle est digne d'être aimée ! Pourquoi faut-il que Mario m'ait prévenu[1] ?

SILVIA. Où étiez-vous donc, Monsieur ? Depuis que j'ai quitté Mario, je n'ai pu vous retrouver pour vous rendre
5 compte de ce que j'ai dit à Monsieur Orgon.

DORANTE. Je ne me suis pourtant pas éloigné ; mais de quoi s'agit-il ?

SILVIA, *à part*. Quelle froideur ! *Haut*. J'ai eu beau décrier votre valet et prendre sa conscience à témoin de son peu de
10 mérite, j'ai eu beau lui représenter[2] qu'on pouvait du moins reculer le mariage, il ne m'a pas seulement écoutée ; je vous avertis même qu'on parle d'envoyer chez le notaire[3], et qu'il est temps de vous déclarer[4].

DORANTE. C'est mon intention ; je vais partir *incognito*, et
15 je laisserai un billet qui instruira Monsieur Orgon de tout.

SILVIA, *à part*. Partir ! ce n'est pas là mon compte[5].

DORANTE. N'approuvez-vous pas mon idée ?

SILVIA. Mais... pas trop.

DORANTE. Je ne vois pourtant rien de mieux dans la situa-
20 tion où je suis, à moins que de parler moi-même, et je ne saurais m'y résoudre ; j'ai d'ailleurs d'autres raisons qui veulent que je me retire : je n'ai plus que faire ici.

SILVIA. Comme je ne sais pas vos raisons, je ne puis ni les

---

1. **Prévenu :** devancé.
2. **Lui représenter :** lui suggérer.
3. **Envoyer chez le notaire :** envoyer quelqu'un chercher le notaire.
4. **De vous déclarer :** de révéler vore identité.
5. **Ce n'est pas là mon compte :** ce n'est pas ce que je voulais.

approuver, ni les combattre ; et ce n'est pas à moi à vous les
25 demander.

DORANTE. Il vous est aisé de les soupçonner, Lisette.

SILVIA. Mais je pense, par exemple, que vous avez du dégoût
pour la fille de Monsieur Orgon.

DORANTE. Ne voyez-vous que cela ?

30 SILVIA. Il y a bien encore certaines choses que je pourrais
supposer ; mais je ne suis pas folle, et je n'ai pas la vanité de
m'y arrêter.

DORANTE. Ni le courage d'en parler ; car vous n'auriez rien
d'obligeant à me dire : adieu Lisette.

35 SILVIA. Prenez garde, je crois que vous ne m'entendez pas,
je suis obligée de vous le dire.

DORANTE. À merveille ! et l'explication ne me serait pas
favorable ; gardez-moi le secret jusqu'à mon départ.

SILVIA. Quoi, sérieusement, vous partez ?

40 DORANTE. Vous avez bien peur que je ne change d'avis.

SILVIA. Que vous êtes aimable d'être si bien au fait !

DORANTE. Cela est bien naïf[1]. Adieu. *Il s'en va.*

SILVIA, *à part.* S'il part, je ne l'aime plus, je ne l'épouserai
jamais... *Elle le regarde aller.* Il s'arrête pourtant, il rêve, il
45 regarde si je tourne la tête, je ne saurais le rappeler, moi... Il
serait pourtant singulier qu'il partît après tout ce que j'ai
fait... Ah, voilà qui est fini, il s'en va, je n'ai pas tant de
pouvoir sur lui que je le croyais : mon frère est un maladroit,
il s'y est mal pris, les gens indifférents gâtent tout. Ne suis-

---

1. **Cela est bien naïf :** voilà qui est spontané, sincère.

50 je pas bien avancée ? quel dénouement ! Dorante reparaît
pourtant ; il me semble qu'il revient, je me dédis[1] donc, je
l'aime encore... Feignons de sortir, afin qu'il m'arrête : il faut
bien que notre réconciliation lui coûte quelque chose.

DORANTE, *l'arrêtant.* Restez, je vous prie, j'ai encore
55 quelque chose à vous dire.

SILVIA. À moi, Monsieur ?

DORANTE. J'ai de la peine à partir sans vous avoir convain-
cue que je n'ai pas tort de le faire.

SILVIA. Eh, Monsieur, de quelle conséquence est-il de vous
60 justifier auprès de moi ? Ce n'est pas la peine, je ne suis
qu'une suivante, et vous me le faites bien sentir.

DORANTE. Moi, Lisette ! est-ce à vous à vous plaindre, vous
qui me voyez prendre mon parti[2] sans me rien dire ?

SILVIA. Hum, si je voulais je vous répondrais bien là-dessus.

65 DORANTE. Répondez donc, je ne demande pas mieux que
de me tromper. Mais que dis-je ! Mario vous aime.

SILVIA. Cela est vrai.

DORANTE. Vous êtes sensible à son amour, je l'ai vu par
l'extrême envie que vous aviez tantôt que je m'en allasse,
70 ainsi vous ne sauriez m'aimer.

SILVIA. Je suis sensible à son amour ! qui est-ce qui vous l'a
dit ? je ne saurais vous aimer ! qu'en savez-vous ? vous déci-
dez bien vite.

_____

1. **Je me dédis :** je reviens sur ce que j'ai dit.
2. **Mon parti :** ma décision.

DORANTE. Eh bien, Lisette, par tout ce que vous avez de
75 plus cher au monde, instruisez-moi de ce qui en est, je vous
en conjure.

SILVIA. Instruire un homme qui part !

DORANTE. Je ne partirai point.

SILVIA. Laissez-moi, tenez, si vous m'aimez, ne m'interrogez
80 point. Vous ne craignez que mon indifférence, et vous êtes
trop heureux que je me taise. Que vous importent mes
sentiments ?

DORANTE. Ce qu'ils m'importent, Lisette ? peux-tu douter
encore que je ne t'adore ?

85 SILVIA. Non, et vous me le répétez si souvent que je vous
crois ; mais pourquoi m'en persuadez-vous, que voulez-vous
que je fasse de cette pensée-là, Monsieur ? je vais vous parler
à cœur ouvert. Vous m'aimez, mais votre amour n'est pas
une chose bien sérieuse pour vous ; que de ressources n'avez-
90 vous pas pour vous en défaire ! la distance qu'il y a de vous
à moi, mille objets [1] que vous allez trouver sur votre chemin,
l'envie qu'on aura de vous rendre sensible, les amusements
d'un homme de votre condition, tout va vous ôter cet amour
dont vous m'entretenez impitoyablement, vous en rirez peut-
95 être au sortir d'ici, et vous aurez raison ; mais moi, Monsieur,
si je m'en ressouviens, comme j'en ai peur, s'il m'a frappée,
quel secours aurai-je contre l'impression [2] qu'il m'aura faite ?
qui est-ce qui me dédommagera de votre perte ? qui voulez-
vous que mon cœur mette à votre place ? savez-vous bien
100 que si je vous aimais, tout ce qu'il y a de plus grand dans le
monde ne me toucherait plus ? Jugez donc de l'état où je
resterais, ayez la générosité de me cacher votre amour : moi

---

1. **Objets :** jeunes personnes pour qui l'on éprouve des sentiments (langage précieux).
2. **Impression :** trace laissée par une vive émotion.

qui vous parle, je me ferais un scrupule de vous dire que je
vous aime, dans les dispositions où vous êtes, l'aveu de mes
105 sentiments pourrait exposer[1] votre raison, et vous voyez bien
aussi que je vous les cache.

DORANTE. Ah, ma chère Lisette, que viens-je d'entendre !
tes paroles ont un feu qui me pénètre, je t'adore, je te res-
pecte, il n'est ni rang, ni naissance, ni fortune qui ne dispa-
110 raisse devant une âme comme la tienne ; j'aurais honte que
mon orgueil tînt encore contre toi, et mon cœur et ma main
t'appartiennent.

SILVIA. En vérité, ne mériteriez-vous pas que je les prisse, ne
faut-il pas être bien généreuse pour vous dissimuler le plaisir
115 qu'ils me font, et croyez-vous que cela puisse durer ?

DORANTE. Vous m'aimez donc ?

SILVIA. Non, non ; mais si vous me le demandez encore, tant
pis pour vous.

DORANTE. Vos menaces ne me font point de peur.

120 SILVIA. Et Mario, vous n'y songez donc plus ?

DORANTE. Non, Lisette ; Mario ne m'alarme plus, vous ne
l'aimez point, vous ne pouvez plus me tromper, vous avez le
cœur vrai, vous êtes sensible à ma tendresse : je ne saurais en
douter au transport[2] qui m'a pris, j'en suis sûr, et vous ne
125 sauriez plus m'ôter cette certitude-là.

SILVIA. Oh, je n'y tâcherai point[3], gardez-la, nous verrons
ce que vous en ferez.

DORANTE. Ne consentez-vous pas d'être à moi ?

---

1. **Exposer :** mettre en danger.
2. **Transport :** élan de passion.
3. **Je n'y tâcherai point :** je ne m'y essaierai pas.

SILVIA. Quoi, vous m'épouserez malgré ce que vous êtes,
130 malgré la colère d'un père, malgré votre fortune ?

DORANTE. Mon père me pardonnera dès qu'il vous aura
vue, ma fortune nous suffit à tous deux, et le mérite vaut bien
la naissance : ne disputons point[1], car je ne changerai jamais.

SILVIA. Il ne changera jamais ! savez-vous bien que vous me
135 charmez, Dorante ?

DORANTE. Ne gênez donc plus[2] votre tendresse, et laissez-
la répondre...

SILVIA. Enfin, j'en suis venue à bout ; vous, vous ne chan-
gerez jamais ?

140 DORANTE. Non, ma chère Lisette.

SILVIA. Que d'amour !

---

1. **Ne disputons point :** inutile de discuter.
2. **Ne gênez donc plus :** ne retenez donc plus.

Repères

- Quels sont les deux obstacles qui se dressent encore devant Dorante à l'ouverture de cette scène ?
- En quoi cette scène est-elle le point culminant de l'acte III ?

Observation

- Dégagez les mouvements de la scène.
- Quelle est la stratégie de Silvia en évoquant l'imminence du mariage d'Arlequin avec la fausse Silvia ?
- Comment s'articule le monologue de Silvia ? Comment la confusion et le doute se traduisent-ils ?
- Relevez les indications scéniques contenues dans la réplique de Silvia (l. 43-53).
- Quel effet la fausse sortie de Dorante produit-elle sur le spectateur ?
- Qu'indique le vouvoiement de la part de Dorante ? Repérez le passage au tutoiement. Quelle en est la valeur ?
- Analysez la tirade de Silvia (l. 85 à 106). Quelle image a-t-elle des hommes de son temps ? Comment s'y prend-elle pour avouer ses sentiments ? De quel prétexte use-t-elle pour ne pas faire un aveu direct ? Quel effet cette tirade a-t-elle sur Dorante ?
- Relevez les métaphores du langage amoureux employées par Dorante.
- Quelle maxime montre le triomphe de l'amour sur les préjugés sociaux ?
- L'obstacle que représentait Mario tient-il longtemps ?
- Repérez les accidents du langage (interruptions et hésitations) et les interjections. Quel effet produisent-ils ?
- Silvia utilise à deux reprises le verbe « changer ». Que montre cette insistance ? En quoi le tableau des hommes mariés (acte I, scène 1) lui sert-il toujours de modèle de référence ?
- Que révèle l'apostrophe « Dorante » dans la bouche de Silvia ?

INTERPRÉTATIONS

• Comment Marivaux parvient-il à suspendre l'intérêt du spectateur malgré un dénouement prévisible ?

• Quel titre donneriez-vous à cette scène ?

• Comparez cette scène avec la scène de dépit amoureux de Tartuffe (acte II, scène 4).

• Que révèle la tirade de Silvia sur les mœurs des jeunes aristocrates et leur attitude par rapport au mariage ?

• Qu'y a-t-il de comique dans la réplique de Dorante : « *vous ne pouvez plus me tromper* » (l. 122) ?

• Comment joueriez-vous la scène de la fausse sortie de Dorante ?

Silvia (Danièle Lebrun) et Dorante (Jean-Pierre Cassel).
Adaptation télévisée réalisée par Marcel Bluwal, 1967.

SCÈNE DERNIÈRE. MONSIEUR ORGON, SILVIA, DORANTE, LISETTE, ARLEQUIN, MARIO.

SILVIA. Ah, mon père, vous avez voulu que je fusse à Dorante, venez voir votre fille vous obéir avec plus de joie qu'on n'en eut jamais.

DORANTE. Qu'entends-je ! vous son père, Monsieur ?

5 SILVIA. Oui, Dorante, la même idée de nous connaître nous est venue à tous deux ; après cela, je n'ai plus rien à vous dire, vous m'aimez, je n'en saurais douter, mais à votre tour,

jugez de mes sentiments pour vous, jugez du cas que j'ai fait
de votre cœur par la délicatesse avec laquelle j'ai tâché de
10 l'acquérir.

MONSIEUR ORGON. Connaissez-vous cette lettre-là ? Voilà
par où j'ai appris votre déguisement, qu'elle[1] n'a pourtant
su que par vous.

DORANTE. Je ne saurais vous exprimer mon bonheur,
15 Madame ; mais ce qui m'enchante le plus, ce sont les preuves
que je vous ai données de ma tendresse.

MARIO. Dorante me pardonne-t-il la colère où j'ai mis
Bourguignon ?

DORANTE. Il ne vous la pardonne pas, il vous en remercie.

20 ARLEQUIN. De la joie, Madame ! Vous avez perdu votre
rang, mais vous n'êtes point à plaindre, puisque Arlequin
vous reste.

LISETTE. Belle consolation ! il n'y a que toi qui gagnes à cela.

ARLEQUIN. Je n'y perds pas ; avant notre connaissance,
25 votre dot valait mieux que vous, à présent vous valez mieux
que votre dot. Allons saute, Marquis[2] !

---

1. **Elle :** Silvia.
2. **Allons saute, Marquis :** expression marquant une grande joie, empruntée
au *Joueur* de Regnard (1696) : « Tu dois être content de toi par tout pays ; /
On le serait à moins : allons saute, Marquis ! » (acte IV, scène 9).

REPÈRES

• Tous les masques sont-ils tombés quand s'ouvre la scène ?
• Est-ce la première fois que tous les personnages sont réunis sur scène ?

OBSERVATION

• De quelle manière Silvia dévoile-t-elle sa véritable identité ?
• Étudiez l'enchaînement du dialogue. Que remarquez-vous ?
• Comment comprenez-vous la réplique d'Arlequin : « *avant notre connaissance [...] votre dot* » (l. 24-25) ?

INTERPRÉTATIONS

• Si vous étiez metteur en scène, comment feriez-vous entrer les personnages sur scène ?
• Silvia a-t-elle obtenu la victoire qu'elle s'était promise ? Et Lisette ?
• En quoi Dorante et Silvia ont-ils fait un parcours initiatique ?
• À qui Marivaux laisse-t-il le dernier mot ? Que peut-on en déduire ?
• Imaginez quel pourrait être l'emplacement des personnages avant que le rideau ne tombe.

Au XVIIIe siècle, le public et la critique ont jugé le troisième acte du *Jeu de l'amour et du hasard* inutile. À leurs yeux, la pièce aurait dû se terminer à l'acte II avec la révélation de l'identité de Dorante. On peut donc s'interroger sur la fonction de cet acte.

Le paradoxe du masque

L'acte III découle du rebondissement dramatique que constitue la décision de Silvia dans la scène 12 (« *Cachons-lui qui je suis* »). En prolongeant le jeu, Silvia accomplit jusqu'au bout l'ambiguïté du déguisement, elle garde son masque pour vérifier la sincérité des sentiments de Dorante. Paradoxalement, à la fin de la scène 8, se noue entre les protagonistes un échange placé sous le signe de la sincérité, alors même que le dernier masque n'est pas tombé : Silvia : « *... je vais vous parler à cœur ouvert* » ; Dorante : « *... vous ne pouvez plus me tromper, vous avez le cœur vrai.* » À travers l'acte III, le masque, objet de dissimulation et de tromperie, accomplit sa fonction paradoxale de révélateur de la vérité.

Les jeux de l'amour

La décision de Silvia conduit à approfondir la peinture des jeux de l'amour : « *... je serai charmée de triompher ; mais il faut que j'arrache ma victoire, et non pas qu'il me la donne : je veux un combat entre l'amour et la raison* » (scène 4). C'est dans l'acte III que Marivaux montre que les manières d'aimer importent autant que l'amour lui-même. Dans la dernière scène, ces deux répliques de Silvia et de Dorante sont à cet égard très éloquentes, Silvia : « *... jugez du cas que j'ai fait de votre cœur par la délicatesse avec laquelle j'ai tâché de l'acquérir.* » ; Dorante : « *Je ne saurais vous exprimer mon bonheur, Madame ; mais ce qui m'enchante le plus, ce sont les preuves que je vous ai données de ma tendresse.* » La relation amoureuse n'est pas ici source d'aveuglement, mais de réflexion et de lucidité sur soi-même. Ce dispositif dramatique renouvelle le plaisir du spectateur en l'obligeant à prêter attention aux subtilités et au raffinement du jeu amoureux. La complexité du jeu amoureux est mise en valeur par la comparaison entre les maîtres et les valets. Une seule scène (la scène 6) est consacrée à la révélation de l'amour réciproque des valets. Celle-ci est placée sous le signe du comique (par exemple, la métaphore du « *magot* » employée par Lisette, puis reprise par Arlequin) et de la simplicité. En effet, contrairement à Silvia, Lisette, ayant connaissance de l'identité d'Arlequin, lui dévoile aussitôt la sienne. Leur amour n'a pas besoin de délai ni de déguisement supplémentaire. Il faut le temps d'un acte aux maîtres pour se déclarer réciproquement leurs sentiments et, entre eux, les jeux de l'amour prennent parfois une coloration pathétique (jeux de scène autour de la fausse sortie de Dorante dans la scène 8).

Portée idéologique

À la fin de la scène 8, Silvia conclut en ces termes son dialogue avec Dorante : « *Enfin, j'en suis venue à bout...* » ; cette expression traduit bien le rôle actif de Silvia dans l'intrigue amoureuse. L'acte III confirme une dimension originale de la pièce de Marivaux, ce sont ici les femmes qui conquièrent l'être aimé et vont jusqu'à le faire souffrir, à la différence des représentations traditionnelles de la conquête amoureuse. On peut relier ce rôle actif de Silvia dans l'intrigue amoureuse à sa lucidité concernant la condition féminine de l'époque. Dans la longue tirade de la scène 8, Silvia dénonce le libertinage des hommes de son temps : « *... les amusements d'un homme de votre condition, tout va vous ôter cet amour dont vous m'entretenez impitoyablement...* » Cette tirade complète la critique des hommes mariés qui ouvrait la pièce (portraits d'Ergaste, Léandre et Tersandre). La portée idéologique du dernier acte tient aussi à l'épreuve que Silvia fait subir à Dorante : en demandant sa main à Silvia sous son habit de soubrette, il enfreint les conventions sociales attachées à son rang. Les « preuves » d'amour de Dorante entraînent une remise en cause symbolique de l'ordre social, même si chacun, en fait, reste à sa place.

Comment lire l'œuvre

Résumé

Acte I : D'un masque à l'autre

Lisette reçoit les confidences de Silvia, inquiète à l'idée de se marier avec Dorante, qu'elle ne connaît pas, et cherche à la convaincre, sans succès (scène 1).

Entre Monsieur Orgon, auquel sa fille Silvia demande l'autorisation d'user d'un stratagème : échanger son rôle avec celui de Lisette, afin de pouvoir connaître à loisir son prétendant (scène 2).

Silvia et Lisette étant sorties pour se changer, Monsieur Orgon lit à Mario la lettre que le père de Dorante lui a envoyée : il s'avère que de son côté, le jeune homme a eu la même idée, et se présentera sous l'habit d'un valet. Le père et le frère de Silvia décident de ne pas en informer celle-ci afin de livrer le destin des jeunes gens au jeu du hasard (scène 3).

Silvia reparaît habillée en femme de chambre et affirme sa détermination à séduire Dorante sous cet habit (scène 4).

Arrive Dorante qui se présente sous le nom de Bourguignon. Monsieur Orgon et Mario s'amusent à taquiner les deux jeunes gens. Mario va jusqu'à se faire passer pour un amoureux malheureux de la fausse Lisette (scène 5).

Restés seuls, Dorante et Silvia s'attardent en bavardage galant (scène 6).

Arlequin, déguisé en Dorante, arrive sur ces entrefaites et, par ses manières grossières, choque Silvia (scène 7).

Dorante, resté seul avec Arlequin, lui reproche sa conduite grossière (scène 8).

Monsieur Orgon feint de ne pas remarquer les manières du faux Dorante et lui fait bon accueil (scène 9).

Acte II : De la surprise à l'épreuve

Lisette vient avertir Monsieur Orgon que le faux Dorante s'est épris d'elle et qu'il est temps que Silvia dévoile son identité. Orgon lui déclare qu'il ne s'oppose pas à ce mariage et, après avoir interrogé Lisette sur l'attitude de Silvia envers

Bourguignon, lui demande d'accuser ce dernier de parler en défaveur de son maître (scène 1).

Arlequin fait une cour empressée à Lisette (scènes 2 et 3).

Il est interrompu par son maître, qui lui demande de rester réservé (scène 4).

Malgré les rappels à l'ordre de Dorante, Arlequin déclare son amour à Lisette, qui lui avoue également le sien (scène 5).

Leur tête-à-tête est interrompu par Silvia, qu'Arlequin, surpris aux genoux de Lisette, traite avec mépris (scène 6).

Silvia demande à Lisette de décourager Arlequin, mais se heurte au refus de celle-ci. En critiquant l'attitude de Bourguignon, Lisette met sa maîtresse hors d'elle (scène 7).

Restée seule, Silvia exprime son indignation et son humiliation (scène 8).

Elle se radoucit à l'arrivée de Dorante, qui lui déclare son amour et se jette à ses genoux sous les yeux de Monsieur Orgon et de Mario. Silvia finit par lui avouer qu'elle l'aurait aimé s'il avait été « d'une condition honnête » (scène 9).

Mario et Orgon interrompent leur entretien et renvoient Dorante en l'accusant de parler en défaveur de son maître (scène 10).

Humiliée d'avoir été surprise par son père et son frère, Silvia exprime son désir de mettre un terme au jeu, ce que lui refuse Monsieur Orgon. Elle s'emporte devant les insinuations sur ses sentiments envers Bourguignon (scène 11).

Dorante vient retrouver Silvia en proie aux incertitudes de son cœur et lui révèle sa véritable identité. Soulagée et heureuse, elle décide de continuer à masquer son identité (scène 12).

À Mario venu réconforter sa sœur, Silvia fait part de la révélation de Dorante. Elle lui demande de continuer à jouer le rôle du faux amoureux, tandis que Mario feint de découvrir le travestissement (scène 13).

Acte III : Épreuve finale et triomphe de l'amour

Arlequin supplie son maître de lui laisser épouser celle qu'ils croient tous deux être Silvia. Dorante finit par accepter à condition qu'Arlequin lui dévoile son identité (scène 1).

Dorante resté seul, arrive Mario qui excite sa jalousie en lui déclarant qu'il est épris de Lisette et qu'il ne veut pas avoir un valet pour rival (scène 2).

Entre Silvia à laquelle Dorante demande ce qu'il en est avec Mario, mais celui-ci le renvoie sans ménagement (scène 3).

Rejoints par Monsieur Orgon, Mario et Silvia lui font un compte rendu de la situation. Silvia dévoile son nouveau plan : obtenir de Dorante qu'il lui demande sa main sous son habit de suivante (scène 4).

Lisette vient demander à ses maîtres l'autorisation d'épouser le faux Dorante. Monsieur Orgon donne son accord à condition qu'elle se dévoile (scène 5).

Lisette et Arlequin se retrouvent dans un tête-à-tête comique et finissent par s'avouer mutuellement leur véritable identité. Ils décident de laisser Dorante dans l'ignorance du travestissement (scène 6).

Arlequin s'amuse à laisser croire à Dorante abasourdi que la fille de Monsieur Orgon consent à l'épouser malgré la bassesse de sa condition (scène 7).

Dorante, convaincu de l'impossibilité de son amour, annonce à Silvia au cours d'un ultime tête-à-tête son intention de partir. Après une tirade éloquente de Silvia où elle révèle son amour, Dorante lui demande sa main (scène 8).

Silvia, devant tous les personnages réunis, révèle enfin à Dorante qui elle est (scène 9).

La structure dramatique

Le moteur de l'action

Le but de l'action du *Jeu de l'amour et du hasard* est le mariage, comme c'est souvent le cas dans la comédie, mais l'obstacle dramaturgique est créé par les personnages et non, comme dans la comédie classique, par une volonté extérieure : ce ne sont pas les parents ou un tiers qui s'opposent au mariage, mais Silvia et Dorante eux-mêmes qui, souhaitant connaître la personnalité de celui et celle qu'on leur destine, imaginent un stratagème. L'action est donc régie par le désir de connaissance de chacun des protagonistes. Mais l'imbroglio créé par le double travestissement change la donne.

La progression dramatique

Silvia et Dorante, déguisés en valets, sont dès leur première rencontre confrontés à la naissance de l'amour, mais les conventions sociales leur interdisent de faire une mésalliance. Le conflit résulte donc de l'amour que Silvia et Dorante éprouvent l'un pour l'autre et des préjugés sociaux. Cette progression est savamment orchestrée par Orgon et Mario, qui semblent mener le jeu en intervenant pour piquer leur amour-propre (intervention de Monsieur Orgon auprès de Lisette, acte II, scène 1), obliger Silvia à poursuivre le jeu (acte II, scène 11) ou exciter la jalousie de Dorante (acte III, scène 2). La progression dramatique suit celle du cœur qui va finir par triompher de la raison : le premier acte est celui de la mise en place du jeu et de la surprise de l'amour qui culmine dans la scène 6 ; le deuxième acte montre les conflits intérieurs des personnages et notamment de Silvia. Il progresse dramatiquement jusqu'à la scène 12, où Dorante dévoile son identité : du point de vue de Silvia, le conflit est alors dénoué. Le troisième acte connaît un développement similaire tourné sur Dorante et ses hésitations, jusqu'à la résolution et à la révélation finale des deux dernières scènes. Il constitue un moment idéologique capital, en ce qu'il montre le sacrifice social de Dorante.

L'action principale ne doit pas nous faire oublier celle, secondaire, des valets, qui vient se greffer et éclairer par contraste celle des maîtres. Lisette et Arlequin, déguisés en maîtres, voient dans cette situation inattendue l'occasion de sortir de leur condition. Ils vont progressivement s'opposer à leurs maîtres et prendre de plus en plus d'autonomie.

Schéma actantiel

Le schéma actantiel permet de mettre en évidence la structure profonde de la pièce au-delà des masques et du jeu.

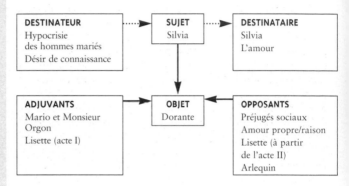

Si son frère et son père paraissent contrarier Silvia dans l'acte II, ils l'aident à son insu à obtenir Dorante et donc à se marier. Quant à Lisette et à Arlequin, s'ils peuvent apparaître dans la situation initiale comme les complices de leurs maîtres, en acceptant le déguisement, ils ne tardent pas à s'affronter à eux et à revendiquer l'égalité. D'autre part, ce schéma montre que la décision initiale de Silvia est avant tout motivée par l'exemple qu'elle a de femmes victimes d'un mariage malheureux à cause de la duplicité de leur mari.

Prolongements

• Lorsque le rideau tombe, tout est rentré dans l'ordre : maîtres et valets épousent leurs semblables. Pour autant, les maîtres n'ont-ils pas effectué un parcours initiatique ?

• En quoi ce dénouement est-il conforme au code des valeurs aristocratiques du public de l'époque ?

Les personnages

Les personnages du *Jeu de l'amour et du hasard* incarnent des types sociaux. C'est en partie cet aspect qui explique l'action de la pièce, qui oppose le couple des valets et celui des maîtres. Pour autant, on ne sait pas très bien si les maîtres appartiennent à la haute bourgeoisie ou à la noblesse. Les termes utilisés sont en effet très flous (« *homme de condition* », « *rang, naissance, fortune* ») et il n'y a pas de précision dans la liste des personnages, hormis le fait qu'Orgon est un nom de bourgeois. Cela témoigne d'un fait sociologique. En 1730, la frontière entre ces deux classes est de plus en plus ténue (voir « Contextes », p. 13). Certains noms appartiennent à la comédie italienne (Silvia, Mario, Arlequin), tandis que ceux d'Orgon, de Dorante et de Lisette correspondent au répertoire français. Fait notable, les mères sont absentes : ce sont les pères qui décident du mariage ; ils incarnent la loi, leur fonction est d'assurer le maintien du nom, de l'héritage économique et culturel. On se situe dans une pièce « sociale », alors que traditionnellement les femmes appartiennent à la sphère du privé.

Silvia

Silvia apparaît comme le personnage principal de la pièce. On peut s'en convaincre en constatant l'importance de sa présence : dix-neuf scènes sur trente et une. Elle a un rôle focalisateur puisque l'intrigue est présentée de son point de vue, notamment dans l'acte I. C'est elle qui met en place le jeu et entraîne sa famille dans la complicité pour percer Dorante, sans savoir que son prétendant a eu la même idée. Si elle perd la maîtrise du jeu dans le deuxième acte, elle reprend dans le troisième son rôle d'investigatrice.

La pièce saisit Silvia dans un moment crucial de son existence : son père souhaite la marier et elle ne connaît pas celui qu'il lui destine. Le mariage est encore à l'époque un acte social très important pour une jeune fille de bonne famille. Conformément aux mœurs de son temps, elle est ignorante

Silvia (Danièle Lebrun).
Adaptation télévisée réalisée par Marcel Bluwal, 1967.

de l'amour et de la vie. Aussi est-elle effrayée à la perspective de se marier, craignant d'être aliénée, comme elle l'a observé chez des femmes mariées. Sa décision de se travestir pour mieux connaître son futur avant d'accepter le mariage fait d'elle une jeune fille moderne affirmant la primauté du bonheur individuel sur les conventions sociales. Mais ignorant la réciprocité du stratagème, elle est prise au piège du jeu, et subit donc une double épreuve : la surprise de l'amour et le conflit avec son amour-propre, parce qu'elle se croit éprise d'un valet, mais aussi parce que déguisée en Lisette, elle subit les humiliations de la condition de servante. Après l'aveu de Dorante, elle cherche à obtenir une ultime preuve d'amour en se faisant épouser sous l'habit de soubrette et va jusqu'à avoir des accents féministes dans sa tirade sur le libertinage des hommes (acte III, scène 8). C'est un personnage tout en nuances, faisant preuve de naïveté et d'inquiétude au début de la pièce, de sérénité et d'esprit dans le dernier acte.

Dorante

Dorante incarne l'idéal aristocratique selon le portrait caractéristique qu'en fait Lisette (acte I, scène 1), mais il n'a rien d'un libertin. Il est animé par les mêmes mobiles que Silvia, et partage avec elle le sens de la répartie. Comme Silvia, il est dupe de son stratagème, doublement même, puisqu'il est le dernier personnage à être informé du travestissement. Comme elle, il est confronté au poids des préjugés sociaux, qui l'empêchent d'épouser une servante. C'est le personnage le plus isolé, prisonnier de son masque, humilié par Orgon et Mario, ayant perdu toute autorité sur son valet. La profondeur de ses sentiments est mise à l'épreuve par Silvia. Il va plus loin qu'elle : en acceptant de faire une mésalliance, il transgresse les convenances et contre l'autorité paternelle.

Monsieur Orgon

S'il incarne l'autorité, Monsieur Orgon apparaît néanmoins comme un homme de son temps par sa compréhension et sa bonté envers sa fille. Il souhaite pour elle un mariage d'amour. On est loin des pères tyranniques de Molière. Toutefois, il intervient en spectateur et en meneur de jeu. Seul personnage de la pièce à ne jouer aucun autre rôle que le sien propre, il intervient à plusieurs reprises dans le déroulement de l'intrigue pour accélérer le processus amoureux entre les jeunes gens. Il fait en sorte que les promis s'épousent et finalement, aidé par Mario, obtient par d'autres moyens, en apparence moins contraignants, que sa fille épouse Dorante.

Mario

Jeune homme raffiné, il incarne le divertissement propre à sa classe et à son époque : « *C'est une aventure qui ne saurait manquer de nous divertir* » (acte I, scène 3, l. 52-53). S'il intervient dans le jeu, Mario n'est pas pour autant un simple auxiliaire de son père. Il est le tiers nécessaire qui amène Dorante à se dévoiler. C'est lui qui a l'idée de se faire passer pour un rival de Dorante afin d'exciter sa jalousie (acte I, scène 5), idée « *badine* » qui sera reprise par Silvia au cours du troisième acte. Mario incarne le caractère traditionnel du « second amoureux » propre à la comédie italienne, sinon qu'il s'agit ici d'une feinte de plus. À la différence de Silvia et de Dorante, le masque de Mario n'engage pas son rang social.

Lisette

Dans la situation initiale, Lisette paraît incarner la servante traditionnelle, à la fois confidente et complice de sa maîtresse. Pour autant, elle refuse d'être assujettie et affirme dès le début son droit à la parole. Beaucoup moins revendicative qu'Arlequin, elle se sert pourtant du déguisement pour rivaliser avec sa maîtresse. Elle voit dans le mariage avec celui qu'elle prend pour Dorante l'occasion inespérée de s'élever dans la hiérarchie sociale. Le jeu est ainsi l'occasion d'opposer sa fermeté et son assurance à une maîtresse de moins en moins sûre d'elle. Toute la pièce est pour elle l'occasion d'expérimenter et de justifier ses propos de la première scène :

« *Si j'étais votre égale, nous verrions.* » Elle atteint son bon-heur avant sa maîtresse. Elle est cependant, comme les autres, dupée. L'intérêt du personnage réside dans son ambiguïté : ses sentiments et son ambition sociale semblent indissociables.

Arlequin

Arlequin est le valet traditionnel de la comédie italienne dont il a conservé la gestuelle, le goût des lazzi, l'agilité ; c'est surtout son insatiabilité qui le caractérise, comme le fait remarquer Lisette : « *Quel insatiable* » (II, 5), la gour-mandise qu'on retrouve régulièrement dans son vocabulaire, notamment sur le plan amoureux, et son goût de la bou-teille. Dès sa première apparition, malgré son costume de maître, il est évident pour le public que c'est un valet dégui-sé. Il incarne la théâtralité en soulignant la convention. Double négatif de Dorante, il est rejeté par tous les person-nages, y compris Lisette qui, si elle consent à l'épouser, sou-ligne son caractère trop direct (« *La question est vive* », acte II, scène 5, l. 8). Pour autant, on ne peut voir en lui qu'un simple bouffon, grossier et balourd. Une chance lui est don-née, celle de faire un mariage qui l'élève, et il saisit l'occa-sion sans tenir compte des conventions sociales. À travers son insoumission à son maître, il incarne la contestation sociale qui s'annonce. Il est ainsi plus ancré dans la société que l'Arlequin atemporel de la commedia dell'arte et em-porte la sympathie du spectateur.

Amour et société

La naissance et la surprise du sentiment amoureux sont au cœur de l'œuvre de Marivaux (*La Surprise de l'amour, Le Triomphe de l'amour*) : « *J'ai guetté dans le cœur humain toutes les niches différentes où peut se cacher l'amour lorsqu'il craint de se montrer et chacune de mes comédies a pour objet de le faire sortir d'une de ces niches* » (cité par d'Alembert dans son *Éloge de Marivaux*). L'observation psychologique est d'autant plus juste que l'amoureux est perçu dans ses rapports avec les autres, dans sa situation sociale. On peut ainsi se demander quel rôle joue la société dans la construction de la relation amoureuse et dans son institutionnalisation par le mariage.

Les obstacles à l'amour dans le théâtre classique

L'amour contrarié est un thème traditionnel de la littérature, au roman comme au théâtre. Dans la comédie classique, chez Molière par exemple, les parents, incarnation de l'autorité et de la société, constituent l'obstacle principal à l'amour entre les jeunes gens (*Les Femmes savantes* ou *Tartuffe*). Dans la tragédie, ce sont souvent les normes ou les contraintes sociales qui constituent un obstacle à l'amour. Ce sont les bienséances qui empêchent Phèdre de déclarer sa passion à Hippolyte, puisqu'il est le fils de son mari. Dans *Bérénice*, l'amour de Titus pour la reine de Palestine se trouve en conflit avec la loi de Rome.

La société, qu'elle soit incarnée par l'autorité parentale ou les contraintes sociales, constitue alors un obstacle extérieur à l'amour, même si, du point de vue des personnages, cette situation se traduit par un dilemme.

L'amour face aux préjugés sociaux

Dans *Le Jeu de l'amour et du hasard*, Dorante et Silvia s'éprennent tout de suite l'un de l'autre. Leur première rencontre ressemble fort à un coup de foudre (acte I, scène 6). Cette surprise de l'amour se traduit dans le langage par le champ lexical de la vue (l. 64-66, Dorante : « ... *cette fierté-là te va à merveille [...], je te l'ai souhaitée d'abord que je t'ai vue...* »), par les apartés (l. 68-69, Silvia : « *Mais en vérité, voilà un garçon qui me surprend malgré que j'en aie...* »).

Mais chacun croyant être épris d'un domestique, leur amour se heurte aux préjugés qui gouvernent les relations sociales. En effet, dans la société du XVIIIe siècle, les mariages étaient encore réglés par les convenances (voir « Contextes », p. 14) et il était impensable de faire une mésalliance, c'est-à-dire de se marier avec une personne d'un rang social inférieur, cela étant vrai davantage pour les femmes que pour les hommes.

L'obstacle qui se dresse est ici non pas l'autorité parentale (Monsieur Orgon souhaite un mariage d'amour pour sa fille), mais le préjugé lié à la différence de condition sociale. L'amour se heurte ici à un obstacle intérieur. Le dilemme de Silvia et de Dorante apparaît dans l'acte II (Silvia : « *Je ne te veux ni bien, ni mal, je ne te hais, ni ne t'aime, ni ne t'aimerai à moins que l'esprit ne me tourne ; voilà mes dispositions, ma raison ne m'en permet point d'autres...* », scène 9, l. 21-24 ; Dorante : « ... *il ne m'est pas permis d'unir mon sort au tien* », scène 12, l. 66).

Dorante déclare son identité dans la scène 12 de l'acte II, libérant Silvia du dilemme qui l'habitait. Tout le dernier acte est dû au rebondissement dramatique provoqué par la décision de Silvia de continuer le jeu, prolongeant ainsi l'épreuve de Dorante : elle veut obtenir de lui qu'il lui demande sa main sous son habit de soubrette, en d'autres mots qu'il aille au-delà de ses préjugés sociaux. Il ne s'agit pas simplement d'une vanité d'amour-propre de la part de

Silvia. Il s'agit pour elle de vérifier que l'amour de Dorante est plus fort que les contraintes sociales. « ... *il pense qu'il chagrinera son père en m'épousant, il croit trahir sa fortune et sa naissance, voilà de grands sujets de réflexions : je serai charmée de triompher* » (acte III, scène 5, l. 53-55). En effet, sa tirade sur le libertinage laisse entendre que les mœurs de l'époque n'étaient pas à l'amour vrai (acte III, scène 8).

Ambiguïté de la fable : amour contre société ?

À première lecture, le dénouement marque le triomphe de l'amour sur les préjugés sociaux puisque Silvia obtient de Dorante qu'il l'épouse sous son habit de soubrette. L'amour ne connaîtrait donc pas de barrière sociale : même sous l'habit de domestique, Dorante et Silvia s'aiment.

Mais dans *Le Jeu de l'amour et du hasard*, les dés sont pipés depuis le début. Dorante et Silvia appartiennent en effet à la même classe sociale. Ils se reconnaissent d'entrée de jeu, comme l'avait annoncé Mario acte I, scène 3 : « ... *voyons si leur cœur ne les avertirait pas de ce qu'ils valent* » (s'ils ne se reconnaîtraient pas comme appartenant à la même classe malgré l'habit de domestique). En témoignent leurs apartés réciproques (acte I, scène 6), Dorante : « *Cette fille-ci m'étonne, il n'y a point de femme au monde à qui sa physionomie ne fît honneur...* », Silvia : « *Quel homme pour un valet !* ». Leur principal signe de reconnaissance, c'est la distinction des manières et du langage, qui contraste avec leur rôle de valet. On observera par ailleurs que le hasard des rencontres est limité puisqu'il n'y a pas de tête-à-tête entre Dorante et la vraie Lisette, ni entre Silvia et Arlequin. Les hommes et les femmes de condition sociale différente ne font que s'apercevoir sans se fréquenter. Ce cloisonnement social des relations amoureuses est également suggéré dans la dernière scène par l'absence d'échange verbal entre les deux couples.

Quand Dorante jette le masque, l'exclamation de Silvia : « *Ah ! je vois clair dans mon cœur* » (acte II, scène 12, l. 46), marque la réconciliation de son cœur et de sa raison : elle ne s'est pas éprise d'un valet. Indirectement, en proclamant sa lucidité, elle réaffirme la stabilité de l'ordre social.

En seconde lecture, la pièce de Marivaux suggère que l'amour n'est possible qu'entre personnes de même condition.

Un amour arrangé ?

Orgon et Mario, en meneurs de jeu, veillent à ce que le hasard fasse bien les choses. Ils en interviennent d'emblée pour pousser les deux jeunes gens dans les bras l'un de l'autre (acte I, scène 5, Orgon : « *Courage, mes enfants, si vous commencez à vous aimer, vous voilà débarrassés des cérémonies.* »). En jouant le rôle d'amoureux de la fausse Lisette, Mario contribue à accélérer le processus amoureux (acte I, scène 5 et acte III, scène 2). En laissant sa fille se déguiser, Monsieur Orgon paraît se détacher des pères traditionnels de la comédie, qui imposent un mariage arrangé à leur fille. Néanmoins, il veille à réconcilier l'inclination naturelle que les deux jeunes gens éprouvent l'un vis-à-vis de l'autre avec les intérêts économiques auxquels le mariage, selon les conventions sociales, doit répondre.

Si l'on voit dans l'amour réciproque de Silvia et Dorante une comédie orchestrée par Monsieur Orgon et Mario, comme certaines répliques le suggèrent (voir par exemple, acte II, scène 11, Silvia à Mario : « ... *quand finira la comédie que vous donnez sur mon compte ?* »), les scènes de déclaration amoureuse entre les deux jeunes gens prennent une autre dimension : leurs accents pathétiques et leur caractère romanesque provoquent le sourire du spectateur parce qu'ils apparaissent comme dupes de la comédie où ils sont pris au piège. Sans le savoir, Silvia obéit à l'autorité paternelle et la prédiction de Mario se trouve vérifiée : « *Tu épouseras Dorante, et même avec inclination, je te le prédis...* » (acte II, scène 11, l. 115-116).

Ainsi, *Le Jeu de l'amour et du hasard* propose une observation réaliste des relations amoureuses. Même si l'amour est le fruit de sentiments sincères et spontanés, il n'en est pas moins conforme aux règles du jeu social. C'est finalement plutôt du point de vue des valets que le mariage peut apparaître comme un moyen de modifier l'ordre social. Lisette et Arlequin espèrent bien, en épousant des maîtres, s'élever dans la hiérarchie sociale. Mais au début du XVIIIᵉ siècle, de telles perspectives ne sont pas réalisables, surtout pour le public mondain des pièces de Marivaux.

Correspondances

Pour prolonger l'analyse, on peut resituer dans l'histoire littéraire la vision que propose Marivaux des rapports entre l'amour et la société.
• Molière, *Le Tartuffe*, acte IV, scène 3.
• Marivaux, *Les Fausses Confidences,* acte III, scène 13.
• Maupassant, *Bel-Ami*, 1885.

Les métamorphoses du valet

Le valet du théâtre français est l'héritier d'une double tradition : le valet bouffon issu de la commedia dell'arte, que l'on retrouve notamment dans la farce française, et le valet d'intrigue, ingénieux et brillant, menant l'action à sa guise comme Scapin dans *Les Fourberies de Scapin* de Molière. Le valet est défini par son statut social et sa dépendance à un maître, mais il est également le reflet des relations sociales d'une époque particulière. Son rôle dramaturgique est capital. Dans l'histoire du théâtre, il prend des formes variées : complice comme Sganarelle dans *Dom Juan* de Molière, observateur aux avant-postes comme Figaro chez Beaumarchais, ou au XXᵉ siècle, parodie d'esclave comme Vladimir et Estragon dans *En attendant Godot* de Samuel Beckett. En quoi *Le Jeu de l'amour et du hasard* donne-t-il à voir une figure originale du valet ?

Valets et suivantes traditionnels

Dans la comédie classique, la place du valet, du point de vue de l'intrigue, est marginale : ce qui compte avant tout, c'est la satisfaction des amours du maître, dont le valet n'est qu'une simple doublure ; il n'a pas de personnalité propre et agit rarement pour son propre compte. Sur le plan de l'action, la fonction principale du valet est d'aider son maître à réaliser ses désirs et sur le plan de la représentation, c'est lui qui est le vecteur du comique. Ce rôle traditionnel du valet est bien illustré par le personnage de Du Bois, valet d'Alceste (voir texte 1, p. 161). Quant à la suivante, elle est absente dans le théâtre antique. Elle ne se distingue de la nourrice qu'à partir des comédies de Corneille et jusqu'au XVIIᵉ siècle n'a pas d'influence sur l'action. Dans la tragédie classique, elle est l'adjuvante de sa maîtresse, prête au sacrifice comme Œnone dans *Phèdre*. Dans la comédie, elle a un rôle de confidente et de faire-valoir de sa maîtresse. Si la suivante est le pendant féminin du valet, elle se prête moins que lui au comique de farce.

Les valets et la contestation sociale

Dès le XVIIᵉ siècle, dans les comédies de Molière, le statut du valet se modifie, avec le Scapin de Molière, qui devient meneur de l'intrigue et dont le nom figure même dans le titre de la pièce. Avec le personnage de Sganarelle dans *Dom Juan*, le valet acquiert épaisseur et autonomie. Comme le montre la scène d'ouverture de la pièce, Sganarelle est doté d'une certaine maîtrise de la parole. Dans la scène 1 de l'acte III, il peut s'opposer verbalement à son maître sur le thème de la religion. Néanmoins, sa prise de parole se solde par un échec et suscite les sarcasmes de Dom Juan (voir texte 2, p. 163). L'autonomie du valet reste ainsi bien fragile face au cynisme et à la verve de son maître. Au XVIIIᵉ siècle, les pièces de Marivaux (*L'Île des esclaves, Le Jeu de l'amour et du hasard*) marquent une nouvelle étape dans l'histoire du valet au théâtre. Si Lisette et Arlequin, en acceptant le déguisement que leurs maîtres leur imposent, apparaissent tout d'abord comme de simples auxiliaires, ils ne sauraient en rien se réduire à cette fonction.

Chez Marivaux, valets et servantes ont un rôle plus complexe. Ainsi, dès la première scène du *Jeu*, Lisette tient tête à sa jeune maîtresse, en lui demandant de « *répondre de ses sentiments* ». Elle va même jusqu'à revendiquer la possibilité d'une égalité sociale : « *Si j'étais votre égale, nous verrions.* » (acte I, scène 1, l. 21). On est loin de la pâle copie, faire-valoir de la maîtresse. Si Lisette est bien complice, son langage, son ironie, ses manœuvres font d'elle un personnage autonome. Silvia lui dénie cette autonomie et la renvoie à son infériorité, en ayant recours au tutoiement, mais reconnaît toutefois sa maîtrise relative de la parole : « *Lisette a de l'esprit, Monsieur, elle pourrait prendre ma place…* » (acte I, scène 2, l. 63-64). Le fait que l'échange des rôles soit possible rend compte de l'évolution du statut dramatique de la servante. Au cours même de la pièce, Lisette évolue. Quand elle entrevoit la possibilité d'un mariage inespéré avec celui qu'elle prend pour Dorante, elle mène son intrigue personnelle sans se soucier d'aider celle de sa maîtresse. Non seulement elle cesse d'être la complice de Silvia, mais elle va même jusqu'à s'opposer frontalement à elle ; à Silvia qui lui demande de repousser le faux Dorante, elle répond : « *Je ne saurais, Madame.* » (acte II, scène 7). Celle-ci ne s'y trompe pas : « *Je frissonne encore de ce que je lui ai entendu dire ; avec quelle impudence les domestiques ne nous traitent-ils pas dans leur esprit ? comme ces gens-là vous dégradent !* » (acte II, scène 8). Mais Lisette, tout comme sa maîtresse, est victime du jeu, manipulée par Orgon, et n'épouse finalement qu'un valet.

Arlequin, s'il porte encore les marques du valet italien (balourdises, gourmandise, gambades, etc.), ne se réduit pas à un rôle de bouffon. Son ambition, son opposition à Dorante font de lui un personnage qui remet en cause l'ordonnancement de la société. Comme Lisette, il profite de l'impunité que lui apporte son habit de maître pour se montrer de plus en plus insolent vis-à-vis de Dorante : « *Maudite soit la valetaille qui ne saurait nous laisser en repos !* » (acte II, scène 4). Sa prétention à épouser une femme d'une condition sociale supérieure à la sienne fait de lui un personnage inquiétant, car elle lui permet de se positionner en rival de Dorante (« *Adieu, quand j'aurai épousé, nous vivrons but à but* », acte III, scène 7, l. 31-32). Par cet aspect contestataire et revendicatif, il annonce Figaro. Mais son aspect menaçant est à nuancer puisqu'il n'épouse qu'une servante, victime lui aussi du jeu de dupes. La contestation sociale n'aura duré que le temps d'un jeu. Toutefois, il n'est pas anodin que Marivaux lui laisse le mot de la fin : « *Je n'y perds pas ; avant notre connaissance, votre dot valait mieux que vous, à présent vous valez mieux que votre dot. Allons saute, Marquis !* » Cette dernière pirouette est suggestive du désordre qui s'annonce.

Correspondances

—1——————————————

• Dans *Le Misanthrope* de Molière (1667), la scène 4 de l'acte IV est centrée autour du personnage de Du Bois, valet d'Alceste. Elle intervient après une scène de querelle entre Alceste et Célimène où domine le pathétique. L'entrée en scène du valet permet ici simplement un intermède comique. Dans cette scène, on retrouve les caractéristiques du valet traditionnel : maladresse corporelle, incapacité verbale, bêtise.

Scène 4
DU BOIS, CÉLIMÈNE, ALCESTE

ALCESTE

Que veut cet équipage et cet air effaré ?
Qu'as-tu ?

DU BOIS

Monsieur...

ALCESTE

Eh bien ?

DU BOIS

Voici bien des mystères.

ALCESTE

Qu'est-ce ?

DU BOIS
Nous sommes mal, monsieur, dans nos affaires.

ALCESTE
Quoi ?

DU BOIS
Parlerai-je haut ?

ALCESTE
Oui, parle, et promptement.

DU BOIS
N'est-il point là quelqu'un ?

ALCESTE
Ah ! que d'amusements !
Veux-tu parler ?

DU BOIS
Monsieur, il faut faire retraite.

ALCESTE
Comment ?

DU BOIS
Il faut d'ici déloger sans trompette.

ALCESTE
Et pourquoi ?

DU BOIS
Je vous dis qu'il faut quitter ce lieu.

ALCESTE
La cause ?

DU BOIS
Il faut partir, monsieur, sans dire adieu.

ALCESTE
Mais par quelle raison me tiens-tu ce langage ?

DU BOIS
Par la raison, monsieur, qu'il faut plier bagage.

ALCESTE
Ah ! je te casserai la tête assurément,
Si tu ne veux, maraud, t'expliquer autrement.

Molière, *Le Misanthrope*,
acte IV, scène 4, v. 1436-1448.

2

• Dans *Dom Juan,* de Molière, la scène 1 de l'acte III marque un échec de la tentative du valet d'accéder à l'égalité sur le plan du langage et de la réflexion. L'apprenti-philosophe est renvoyé par un procédé comique (la chute) à son infériorité.

« **Dom Juan** – Je crois que deux et deux sont quatre, Sganarelle, et que quatre et quatre sont huit.

Sganarelle – La belle croyance [et les beaux articles de foi que voici] ! Votre religion, à ce que je vois, est donc l'arithmétique ? Il faut avouer qu'il se met d'étranges folies dans la tête des hommes, et que pour avoir bien étudié on en est bien moins sage le plus souvent. Pour moi, Monsieur, je n'ai point étudié comme vous, Dieu merci, et personne ne saurait se vanter de m'avoir jamais rien appris ; mais avec mon petit sens, mon petit jugement, je vois les choses mieux que tous les livres, et je comprends fort bien que ce monde que nous voyons n'est pas un champignon, qui soit venu tout seul en une nuit. Je voudrais bien vous demander qui a fait ces arbres-là, ces rochers, cette terre, et ce ciel que voilà là-haut, et si tout cela s'est bâti de lui-même. Vous voilà vous, par exemple, vous êtes là : est-ce que vous vous êtes fait tout seul, et n'a-t-il pas fallu que votre père ait engrossé votre mère pour vous faire ? Pouvez-vous voir toutes ces inventions dont la machine de l'homme est composée sans admirer de quelle façon cela est agencé l'un dans l'autre : ces nerfs, ces os, ces veines, ces artères, ces… ce poumon, ce cœur, ce foie, et tous ces autres ingrédients qui sont-là, et qui… Oh ! dame, interrompez-moi donc si vous voulez : je ne saurais disputer si l'on ne m'interrompt ; vous vous taisez exprès et me laissez parler par belle malice.

Dom Juan – J'attends que ton raisonnement soit fini.

Sganarelle – Mon raisonnement est qu'il y a quelque chose d'admirable dans l'homme, quoi que vous puissiez dire, que tous les savants ne sauraient expliquer. Cela n'est-il pas merveilleux que me voilà ici, et que j'aie quelque chose dans la tête qui pense cent choses différentes en un moment, et fait de mon corps tout ce qu'elle veut ? Je veux frapper des mains, hausser le bras, lever les yeux au ciel, baisser la tête, remuer les pieds, aller à droite, à gauche, en avant, en arrière, tourner…

Il se laisse tomber en tournant.

Dom Juan – Bon ! voilà ton raisonnement qui a le nez cassé.

Sganarelle – Morbleu ! je suis bien sot de m'amuser à raisonner avec vous. Croyez ce que vous voudrez : il m'importe bien que vous soyez damné !

Dom Juan – Mais tout en raisonnant, je crois que nous sommes égarés. Appelle un peu cet homme que voilà là-bas, pour lui demander le chemin.

Sganarelle – Holà, ho, l'homme ! ho, mon compère ! ho, l'ami ! un petit mot s'il vous plaît. »

Molière, *Dom Juan*,
acte III, scène 1.

3

• Dans *Le Mariage de Figaro*, le valet met en question son infériorité sociale et acquiert à travers ses revendications politiques, une réelle autonomie. La contestation sociale est explicite et généralisée, Figaro dénonce l'arbitraire de la justice et de la naissance, et affronte directement à travers le comte Almaviva l'ordre établi. Il se livre à un long monologue (acte V, scène 3) où il accumule les critiques contre l'ordre établi.

Scène 3. FIGARO, *seul, se promenant dans l'obscurité,
dit du ton le plus sombre* :

Ô femme ! femme ! femme ! créature faible et décevante !... nul animal créé ne peut manquer à son instinct : le tien est-il donc de tromper ?... Après m'avoir obstinément refusé quand je l'en pressais devant sa maîtresse ; à l'instant qu'elle me donne sa parole, au milieu même de la cérémonie... Il riait en lisant, le perfide ! et moi comme un benêt... Non, monsieur le Comte, vous ne l'aurez pas... vous ne l'aurez pas. Parce que vous êtes un grand seigneur, vous vous croyez un grand génie !... Noblesse, fortune, un rang, des places, tout cela rend si fier ! Qu'avez-vous fait pour tant de biens ? Vous vous êtes donné la peine de naître, et rien de plus. Du reste, homme assez ordinaire ; tandis que moi, morbleu ! perdu dans la foule obscure, il m'a fallu déployer plus de science et de calculs, pour subsister seulement, qu'on n'en a mis depuis cent ans à gouverner toutes les Espagnes : et vous voulez jouter... On vient... c'est elle... ce n'est personne. – La nuit est noire en diable, et me voilà faisant le sot métier de mari, quoique je ne le sois qu'à moitié ! (*Il s'assied sur un banc.*) Est-il rien de plus bizarre que ma destinée ? Fils de je ne sais qui, volé par des bandits, élevé dans leurs mœurs, je m'en dégoûte et veux courir une carrière honnête ; et partout je suis repoussé ! J'apprends la chimie, la pharmacie, la chirurgie, et tout le crédit d'un grand seigneur peut à peine me mettre à la main une lancette vétérinaire ! – Las d'attrister des bêtes malades, et pour faire un métier contraire, je me jette à corps perdu dans le théâtre : me fussé-je mis une pierre au cou ! Je broche une comédie dans les mœurs du sérail. Auteur espagnol, je crois pouvoir y fronder Mahomet sans scrupule : à l'instant un envoyé... de je ne sais où se plaint que j'offense dans mes vers la Sublime-Porte, la Perse, une partie de la presqu'île de l'Inde, toute l'Égypte, les royaumes de Barca, de Tripoli, de Tunis, d'Alger et de Maroc : et voilà ma comédie flambée, pour plaire aux princes mahométans, dont pas un, je crois, ne sait lire, et qui nous meurtrissent l'omoplate, en nous disant : « chiens de chrétiens ». – Ne pouvant avilir l'esprit, on se venge en le maltraitant. – Mes joues creusaient, mon terme était échu : je voyais de loin arriver l'affreux recors, la plume fichée dans sa perruque : en frémissant je m'évertue. Il s'élève une question sur la nature des richesses ; et, comme il n'est pas nécessaire de tenir les choses pour en raisonner, n'ayant pas un sol, j'écris sur la valeur de l'argent et sur son produit net : sitôt je vois du fond d'un fiacre baisser pour moi le pont d'un château fort, à l'entrée duquel je laissai l'espérance et la liberté. (*Il se lève.*)

Beaumarchais, *Le Mariage de Figaro*,
acte V, scène 3.

4

• Dans le théâtre contemporain, Jean Genet a donné avec *Les Bonnes* une vision exacerbée du conflit entre les maîtres et les domestiques. La pièce s'ouvre sur un jeu des deux bonnes : Claire, déguisée en « Madame », parodie le comportement de sa maîtresse, tandis que sa sœur Solange joue la bonne.

« *La chambre de Madame. Meubles Louis XV. Au fond, une fenêtre ouverte sur la façade de l'immeuble en face. À droite, le lit. À gauche, une porte et une commode. Des fleurs à profusion. C'est le soir. L'actrice qui joue Solange est vêtue d'une petite robe noire de domestique. Sur une chaise, une autre petite robe noire, des bas de fil noirs, une paire de souliers noirs à talons plats.*

CLAIRE, *debout, en combinaison,*
tournant le dos à la coiffeuse.
Son geste – le bras tendu – et le ton
seront d'un tragique exaspéré.

Et ces gants ! Ces éternels gants ! je t'ai dit souvent de les laisser à la cuisine. C'est avec ça, sans doute, que tu espères séduire le laitier. Non, non, ne mens pas, c'est inutile. Pends-les au-dessus de l'évier. Quand comprendras-tu que cette chambre ne doit pas être souillée ? Tout, mais tout ! ce qui vient de la cuisine est crachat. Sors. Et remporte tes crachats ! Mais cesse !

Pendant cette tirade, Solange jouait avec une paire de gants de caoutchouc, observant ses mains gantées, tantôt en bouquet, tantôt en éventail.

Ne te gêne pas, fais ta biche. Et surtout ne te presse pas, nous avons le temps. Sors !

Solange change soudain d'attitude et sort humblement, tenant du bout des doigts les gants de caoutchouc. Claire s'assied à la coiffeuse. Elle respire les fleurs, caresse les objets de toilette, brosse ses cheveux, arrange son visage.

Préparez ma robe. Vite le temps presse. Vous n'êtes pas là ? *(Elle se retourne.)* Claire ! Claire !

Entre Solange.

SOLANGE

Que Madame m'excuse, je préparais le tilleul *(Elle prononce tillol.)* de Madame.

CLAIRE

Disposez mes toilettes. La robe blanche pailletée. L'éventail, les émeraudes.

SOLANGE

Tous les bijoux de Madame ?

CLAIRE

Sortez-les. Je veux choisir. *(Avec beaucoup d'hypocrisie.)* Et naturellement les souliers vernis. Ceux que vous convoitez depuis des années.

> *Solange prend dans l'armoire quelques écrins qu'elle ouvre et dispose sur le lit.*

Pour votre noce sans doute. Avouez qu'il vous a séduite ! Que vous êtes grosse ! Avouez le !

> *Solange s'accroupit sur le tapis et, crachant dessus, cire des escarpins vernis.*

Je vous ai dit, Claire, d'éviter les crachats. Qu'ils dorment en vous, ma fille, qu'ils y croupissent. Ah ! ah ! vous êtes hideuse, ma belle. Penchez-vous davantage et vous regardez dans mes souliers. *(Elle tend son pied que Solange examine.)* Pensez-vous qu'il me soit agréable de me savoir le pied enveloppé par les voiles de votre salive ? Par la brume de vos marécages ?

SOLANGE, *à genoux et très humble.*

Je désire que Madame soit belle.

CLAIRE, *elle s'arrange dans la glace.*

Vous me détestez, n'est-ce pas ? Vous m'écrasez sous vos prévenances, sous votre humilité, sous les glaïeuls et le réséda. *(Elle se lève et d'un ton plus bas.)* On s'encombre inutilement. Il y a trop de fleurs. C'est mortel. *(Elle se mire encore.)* Je serai belle. Plus que vous ne le serez jamais. Car ce n'est pas avec ce corps et cette face que vous séduirez Mario. Ce jeune laitier ridicule vous méprise, et s'il vous a fait un gosse...

SOLANGE

Oh ! mais, jamais je n'ai...

CLAIRE ,

Taisez-vous, idiote ! Ma robe !

SOLANGE, *elle cherche dans l'armoire,*
écartant quelques robes.

La robe rouge. Madame mettra la robe rouge.

CLAIRE

J'ai dit la blanche, à paillettes.

SOLANGE, *dure.*

Madame portera ce soir la robe de velours écarlate.

CLAIRE, *naïvement.*

Ah ? Pourquoi ?

SOLANGE, *froidement.*

Il m'est impossible d'oublier la poitrine de Madame sous le drapé de velours. Quand Madame soupire et parle à Monsieur de mon dévouement ! Une toilette noire servirait mieux votre veuvage.

CLAIRE

Comment ?

SOLANGE

Dois-je préciser ?

CLAIRE

Ah ! tu veux parler... Parfait. Menace-moi. Insulte ta maîtresse, Solange, tu veux parler, n'est-ce pas, des malheurs de Monsieur. Sotte. Ce n'est pas l'instant de le rappeler, mais de cette indication je vais tirer un parti magnifique. Tu souris ? Tu en doutes ?

  Le dire ainsi : Tu souris = tu en doutes.

SOLANGE

Ce n'est pas le moment d'exhumer...

CLAIRE

Mon infamie ? Mon infamie ! D'exhumer ! Quel mot !

SOLANGE

Madame !

CLAIRE

Je vois où tu veux en venir. J'écoute bourdonner déjà tes accusations, depuis le début tu m'injuries, tu cherches l'instant de me cracher à la face. »

Jean Genet, *Les Bonnes.*
L'Arbalète © Marc Barbezat, 1947.

Le comique

Le comique apparaît sous plusieurs aspects dans *Le Jeu de l'amour et du hasard*. Au comique conventionnel proche de la tradition farcesque, incarné par Arlequin, s'ajoutent des formes de comique beaucoup plus subtiles résultant des quiproquos et malentendus dus au double travestissement, mais aussi de la supériorité du spectateur sur la plupart des personnages en termes d'information. Cette subtilité n'a pas empêché le public de l'époque de trouver au comique de la pièce un caractère choquant. Comment expliquer un tel jugement ?

Les procédés comiques

Le comique de caractère est présent avec le personnage d'Arlequin, valet de la comédie italienne, qui provoque un rire franc par ses balourdises et sa grossièreté dès son entrée en scène (jeu des pronoms possessifs par anticipation dans la scène 7 : « *mon beau-père* », « *ma femme* », « *la belle* » pour interpeller Silvia), son goût de la bouteille (« *Oh ! je n'ai jamais refusé de trinquer avec personne* », acte I, scène 9), son empressement amoureux. Quand Monsieur Orgon recommande à Lisette et Arlequin de prendre le temps de s'aimer avant de se marier, celui-ci répond : « *Je ferais bien ces deux besognes-là à la fois, moi* » (acte II, scène 2).

Le comique est aussi et surtout verbal. Le comique traditionnel des injures est présent, notamment dans la scène 1 de l'acte III. Dorante appelle Arlequin « *maraud* » et « *coquin* », mais le sens de l'humour de ce dernier lui permet de reprendre le dessus dans l'échange (« *un maraud n'est point déshonoré d'être appelé coquin ; mais un coquin peut faire un bon mariage.* »). Les jeux de mots sont également source de comique, ainsi Lisette reprenant les termes de Silvia dans la première scène de l'acte I : à Silvia qui parle des « *agréments superflus* », Lisette réplique : « *Vertuchoux ! si je me marie jamais, ce superflu-là sera mon nécessaire.* » De même, la reprise parodique crée un parasitage du dialogue, comme dans la scène 2 de l'acte I où Monsieur Orgon ne comprend pas le « galimatias » de Lisette, qui reprend en les résumant de manière burlesque les portraits des maris que Silvia avait faits dans la scène précédente. On trouve aussi du comique par allusion : acte III, scène 6, Arlequin cherche à faire deviner son identité à Lisette en ayant recours à des périphrases et des métaphores : « *Je suis... n'avez-vous jamais vu de fausse monnaie ? savez-vous ce que c'est qu'un louis d'or faux ? Eh bien, je ressemble assez à cela.* » Dans cette scène, le comique est redoublé par les associations de mots comme dans l'expression « *soldat d'antichambre* », soldat étant plus valorisant que valet et évoquant la posture des laquais en faction devant l'antichambre de leur maître. La parodie du langage précieux crée aussi des effets comiques. Arlequin compare l'amour à un nouveau-né : le manque de distance entre le signifié et le signifiant crée un effet comique (acte II, scène 3).

Les propos à double sens créent un comique plus subtil. Ils résultent de la situation de double énonciation propre à la parole théâtrale qui, en même temps qu'elle s'adresse à un personnage sur scène, s'adresse également au public. Ainsi le spectateur sourit-il quand Dorante dit à Silvia acte I, scène 6 : « *Quitte donc ta figure* », figure pouvant signifier aussi masque. Ces propos à double sens sont souvent le fait de Monsieur Orgon et de Mario, qui connaissent le double travestissement. Dans la scène 4 de l'acte I, à Silvia qui fait preuve de mépris envers le valet de Dorante qu'elle ne connaît pas encore, Mario réplique : « *Allons doucement, ma sœur, ce faquin-là sera votre égal.* » Ce type de répliques provoque un sourire de connivence avec le spectateur qui connaît lui aussi le double travestissement.

Un comique de situation au seul détriment des valets ?

Le travestissement donne à voir, derrière l'habit, l'identité des personnages, et le comique résulte de ce décalage. On pourrait penser que ce comique est surtout du côté des valets qui ne maîtrisent pas les codes langagiers et l'attitude de leurs maîtres. En effet, les tête-à-tête de Lisette et d'Arlequin sont source de comique parce qu'ils croient tous deux avoir affaire avec une personne d'un rang social supérieur au leur. Outre la maladresse du langage, les quiproquos qui en résultent provoquent le rire, comme dans la scène 6 de l'acte III, où, obligés de révéler leur identité, ils ne comprennent pas la modestie grandissante de leur partenaire. Lisette : « *Enfin, Monsieur, faut-il vous dire que c'est moi que votre tendresse honore ? / Arlequin : Ahi, ahi, je ne sais plus où me mettre.* » Silvia et Dorante, déguisés en valets, sont tout aussi risibles parce qu'ils ne parviennent pas non plus à jouer correctement leur rôle. Ainsi, Dorante appelle Silvia « *Mademoiselle* » et la vouvoie dans la scène 5 de l'acte I, ce que s'empresse de relever Mario : « *Votre serviteur, ce n'est point encore là votre jargon, c'est ton serviteur qu'il faut dire.* » Mais c'est leur situation elle-même qui prête à sourire puisque leur dilemme résulte d'un quiproquo. Ils croient chacun être épris d'un valet, alors qu'ils ont affaire à une personne de même rang. Leurs accents pathétiques (Dorante : « *Désespère une passion dangereuse, sauve-moi des effets que j'en crains…* », acte II, scène 9, l. 91-92) résultent d'une situation fausse et prêtent donc à sourire.

Comique et remise en cause de l'ordre social

Le temps d'un jeu, l'ordre social est renversé. Silvia et Dorante sont victimes du stratagème qu'ils ont eux-mêmes mis en place et l'épreuve qu'ils s'imposent mutuellement se redouble de l'humiliation qu'ils subissent de la part de leurs valets. Leur impossibilité à se faire obéir sous leur habit de domestique, si elle est comique (voir acte II, scènes 4 et 6), n'en révèle pas moins leur perte d'autorité. Les prétentions d'Arlequin deviennent menaçantes quand il se prend au jeu et laisse croire à son maître qu'il va épouser la fille de Monsieur Orgon, alors que Dorante devra se contenter d'une « *chambrière* » (acte III, scène 7). Le comique provoqué par la situation inversée maîtres/valets, qui dégrade les maîtres, pouvait choquer les spectateurs de l'époque, qui appartenaient à la même classe sociale que Dorante et Silvia. Pour ce public, la possibilité que Silvia s'éprenne d'un valet, même s'il s'agissait d'un faux valet, dérangeait les préjugés sociaux. Le déguisement comique provoquait aussi leur inquiétude. La diversité du comique dans *Le Jeu de l'amour et du hasard* est ici au service de la mise au jour des tensions sociales.

Correspondances

On peut étudier différentes formes de comique verbal appartenant à des époques et à des genres différents.

—1

• *Les Fourberies de Scapin*, comédie de Molière, créée en 1671, met en scène un valet ingénieux qui aide l'intrigue amoureuse de son jeune maître et en profite pour se railler du vieux Géronte. La scène célèbre de la « galère » (acte II, scène 7) est fondée sur un comique de répétition.

GÉRONTE

Il faut, Scapin, il faut que tu fasses ici l'action d'un serviteur fidèle.

SCAPIN

Quoi, Monsieur ?

GÉRONTE

Que tu ailles dire à ce Turc qu'il me renvoie mon fils, et que tu te mettes à sa place jusqu'à ce que j'aie amassé la somme qu'il demande.

SCAPIN

Eh ! Monsieur, songez-vous à ce que vous dites ? et vous figurez-vous que ce Turc ait si peu de sens que d'aller recevoir un misérable comme moi à la place de votre fils ?

GÉRONTE

Que diable allait-il faire dans cette galère ?

SCAPIN

Il ne devinait pas ce malheur. Songez, Monsieur, qu'il ne m'a donné que deux heures.

GÉRONTE

Tu dis qu'il demande...

SCAPIN

Cinq cents écus.

GÉRONTE

Cinq cents écus ! N'a-t-il point de conscience ?

SCAPIN

Vraiment oui, de la conscience à un Turc !

GÉRONTE

Sait-il bien ce que c'est que cinq cents écus ?

SCAPIN

Oui, Monsieur, il sait que c'est mille cinq cents livres.

GÉRONTE

Croit-il, le traître, que mille cinq cents livres se trouvent dans le pas d'un cheval ?

SCAPIN

Ce sont des gens qui n'entendent point de raison.

GÉRONTE

Mais que diable allait-il faire à cette galère ?

SCAPIN

Il est vrai ; mais quoi ! on ne prévoyait pas les choses. De grâce, Monsieur, dépêchez.

GÉRONTE

Tiens, voilà la clef de mon armoire.

SCAPIN

Bon.

GÉRONTE

Tu l'ouvriras.

SCAPIN

Fort bien.

GÉRONTE

Tu trouveras une grosse clef du côté gauche, qui est celle de mon grenier.

SCAPIN

Oui.

GÉRONTE

Tu iras prendre toutes les hardes qui sont dans cette grande manne et tu les vendras aux fripiers pour aller racheter mon fils.

SCAPIN, *en lui rendant la clef.*

Eh ! Monsieur, rêvez-vous ? Je n'aurais pas cent francs de tout ce que vous dites ; et, de plus, vous savez le peu de temps qu'on m'a donné.

GÉRONTE

Mais que diable allait-il faire dans cette galère ?

SCAPIN

Oh ! que de paroles perdues ! Laissez là cette galère, et songez que le temps presse, et, que vous courez risque de perdre votre fils. Hélas ! mon pauvre maître, peut-être que je ne te verrai de ma vie, et qu'à l'heure que je parle, on t'emmène esclave en Alger ! Mais le Ciel me sera témoin que j'ai fait pour toi tout ce que j'ai pu, et que si tu manques à être racheté, il n'en faut accuser que le peu d'amitié d'un père.

Molière, *Les Fourberies de Scapin*,
acte II, scène 7.

2

• *La Cantatrice chauve* (1954), écrite par Ionesco, dramaturge contemporain, est, comme l'annonce son sous-titre, une « anti-pièce ». Dans un intérieur bourgeois anglais, M. et Mme Smith échangent des lieux communs et reçoivent la visite des Martin. Progressivement, ces interlocuteurs qui n'ont rien à se dire deviennent les vecteurs d'une désintégration du langage.

Mme SMITH

Hm, hm.

Silence.

Mme MARTIN

Hm, hm, hm.

Silence.

M. MARTIN

Hm, hm, hm, hm.

Silence.

Mme MARTIN

Oh, décidément.

Silence.

M. MARTIN

Nous sommes tous enrhumés.

Silence.

M. SMITH

Pourtant il ne fait pas froid.

Silence.

Mme SMITH

Il n'y a pas de courant d'air.

Silence.

M. MARTIN

Oh non, heureusement.

Silence.

M. SMITH

Ah, la la la la.

Silence.

M. MARTIN

Vous avez du chagrin ?

Silence.

Mme SMITH

Non. Il s'emmerde.

Silence.

Mme MARTIN

Oh, Monsieur, à votre âge, vous ne devriez pas.

Silence.

M. SMITH

Le cœur n'a pas d'âge.

Silence.

M. MARTIN

C'est vrai.

Silence.

Mme SMITH

On le dit.

Silence.

Mme MARTIN

On dit aussi le contraire.

Silence.

M. SMITH

La vérité est entre les deux.

Silence.

M. MARTIN

C'est juste.

Eugène Ionesco, *La Cantatrice chauve*,
Gallimard, 1950.

3

• Dans son roman *Zazie dans le métro* (1959), Raymond Queneau tire de l'utilisation du style oral (prononciation, niveau de langue, expressions familières...) des effets comiques.

« – Zazie, déclare Gabriel en prenant un air majestueux trouvé sans peine dans son répertoire, si ça te plaît de voir vraiment les Invalides et le tombeau véritable du vrai Napoléon, je t'y conduirai.

– Napoléon mon cul, réplique Zazie. Il m'intéresse pas du tout, cet enflé, avec son chapeau à la con.

– Qu'est-ce qui t'inréresse alors ?

Zazie ne répond pas.

– Oui, dit Charles avec une gentillesse inattendue, qu'est-ce qui t'intéresse ?

– Le métro.

Gabriel dit : ah. Charles ne dit rien. Puis, Gabriel reprend son discours et dit de nouveau : ah.

– Et quand est-ce qu'elle va finir, cette grève ? demande Zazie en gonflant ses mots de férocité.

– Je ne sais pas, moi, dit Gabriel, je fais pas de politique.

– C'est pas de la politique, dit Charles, c'est pour la croûte.

– Et vous, msieu, lui demande Zazie, vous faites quelquefois la grève ?

– Bin dame, faut bien, pour faire monter le tarif.

– On devrait plutôt vous le baisser, votre tarif, avec une charrette comme la vôtre, on fait pas plus dégueulasse. Vous l'avez pas trouvée sur les bords de la Marne, par hasard ? »

Raymond Queneau, *Zazie dans le métro*,
Gallimard, 1959.

Jugements et critiques

Si l'accueil du public fut en 1730 plutôt enthousiaste, la critique de l'époque, malgré le peu de revues consacrées au théâtre, réserva au *Jeu de l'amour et du hasard* un accueil mitigé.
Voici ce qu'on pouvait lire dans *Le Mercure de France* :

« Voici les remarques qu'on a faites sur cette comédie. On dit :
1° qu'il n'est pas vraisemblable que Silvia puisse se persuader qu'un butor tel qu'Arlequin soit ce même Dorante dont on lui a fait une peinture si avantageuse […]
2° Arlequin, a-t-on dit, ne soutient pas son caractère partout ; des choses très jolies succèdent à des grossièretés. En effet, peut-on s'imaginer que celui qui a dit si maussadement à son prétendu beau-père : "Au surplus, tous mes pardons sont à votre service", dise si joliment à la fausse Silvia : "Je voudrais bien pouvoir baiser ces petits mots-là, et les cueillir sur votre bouche avec la mienne" ?
3° On aurait voulu que le second acte eût été le troisième, et l'on croit que cela n'aurait pas été difficile ; la raison qui empêche Silvia de se découvrir après avoir appris que Bourguignon est Dorante n'étant qu'une petite vanité, ne saurait excuser son silence ; d'ailleurs, Dorante et Silvia étant les objets principaux de la pièce, c'était par leur reconnaissance qu'elle devait finir et non par celle d'Arlequin et de Lisette, qui ne sont que les singes, l'un de son maître, l'autre de sa maîtresse. Au reste, tout le monde convient que la pièce est bien écrite et pleine d'esprit, de sentiment et de délicatesse. »

Le Mercure de France, avril 1730.

Le journaliste La Barre de Beaumarchais, qui écrivait en Hollande, notait :

« Il y a dans la pièce des scènes impayables pour l'esprit et le jeu. »

Lettres sérieuses et badines, 1732.

Pour le marquis d'Argenson, le comique du *Jeu* est choquant :

« Ce qui répugne, et ce qui est heureusement sauvé, c'est que l'accordée se sent du penchant pour celui qu'elle ne croit être que Bourguignon, et Dorante se sent du goût pour celle qu'il ne croit que Lisette ; la première aventure choque assurément davantage, puisqu'un homme de condition aimera plus aisément une suivante qu'une fille bien née ne se laissera aller à des mouvements pour un laquais, quelque aimable qu'il pût être. »

Notices sur les œuvres de théâtre (rédigées entre 1733 et 1740),
éd. H. Lagrave, *Studies on Voltaire*, 1966.

Au XIXe siècle, Théophile Gautier est le premier à souligner la profondeur de Marivaux, tout en évoquant ses parentés avec Shakespeare :

« Mlle Mars jouait *Les Jeux de l'amour et du hasard* avec cette netteté étincelante, cette grâce mesurée et juste, ce goût toujours sûr de lui-même et cette verve railleuse qui n'appartenaient qu'à elle. Mais, s'il est permis à la critique de trouver un défaut à cette comédienne si parfaite, saluée par les bravos de plusieurs générations, il nous a semblé qu'elle manquait dans ces rôles, à la fois si maniérés et si vrais, de l'élément aventureux et romanesque encore plutôt que poétique qui leur donne une couleur à part. Les héroïnes de Marivaux ont une secrète parenté avec les femmes des comédies de Shakespeare ; elles sont cousines des Rosalinde, des Hermia, des Perdita, des Béatrix. […]
Marivaux, nous le savons, passe pour peindre au pastel dans un style léger et un coloris d'une fraîcheur un peu fardée, des figures de convention, prises à ce monde de marquis, de chevaliers, de comtesses évanoui sans retour ; et pourtant, dans *Le Jeu de l'amour et du hasard*, respire comme un frais souffle de *Comme il vous plaira*. »

Théophile Gautier, articles de 1848 et de 1851 recueillis
dans *Histoire de l'art dramatique en France depuis vingt-cinq ans.*

Dans son *Hommage à Marivaux*, Jean Giraudoux met l'accent sur le marivaudage :

« L'élégance du style, la fantaisie des personnages ne doivent pas nous tromper. Le débat du héros et de l'héroïne n'est pas le jeu d'une coquetterie ou d'une crise, mais la recherche d'un assentiment puissant qui les liera pour une vie commune de levers, de repas et de repos. Pas d'ingénue. Aucune prude. Les femmes chez Marivaux sont les aînées, plus loyales, mais à peine moins averties, des femmes de Laclos. Leurs balancements, leurs décisions ne puisent pas leur valeur dans leur inconsistance, mais au contraire dans la vie que leur confère un corps toujours présent. Qui a cherché l'imaginaire chez Marivaux ? Ses scènes sont les scènes de ménage ou de fiançailles du seul monde vrai. Qui a vu la fausseté dans son style ? Les paroles en sont neuves, subtiles parce qu'elles affleurent de la zone des silences, parce qu'elles sont la voix des deux sentiments qui jusqu'ici se sont tus, l'amour-propre et la pudeur, et elles sont nuancées, capricieuses, agiles, fleuries, parce que les héros s'approchent dans un goût de l'amour qu'ils n'ont pas trop de tous les secours du ramage et du langage pour aviver et pour contenir. Il n'y a pas d'honneur à être le cousin d'Hermione, la belle-sœur de Phèdre, le neveu de Roxane. Il y en a un pour nous à être, et j'ose dire, à être restés, de la famille d'Araminte et de Silvia. »

> *Hommage à Marivaux,* publié clandestinement à La Haye,
> chez Don Stols, et reproduit en tête de l'édition
> du *Théâtre complet* de Marivaux par J. Fournier et M. Bastide,
> Éditions nationales, 1946.

Marcel Arland, auteur de la première édition du *Théâtre complet de Marivaux* dans la « Bibliothèque de la Pléiade », a consacré un ouvrage d'ensemble à Marivaux :

« Quelle œuvre rare, hardie, presque paradoxale, que *Le Jeu de l'amour et du hasard*, sous sa forme à présent si connue, sa justesse et l'on peut dire sa perfection ! De toutes les œuvres de Marivaux, c'est sans doute la plus accomplie. Flexible et précise, elle mêle à l'esprit le plus vif la plus délicate nuance. Nulle longueur ; d'un bout à l'autre une danse aiguë. Nul repos : tout geste, toute parole, le temps qui dure ou qui va trop vite, apporte aux amants une meurtrissure. Il ne suffit pas que Silvia rougisse d'aimer ; il faut qu'une soubrette, un père, un frère voient sa honte. Et pour Marivaux, ce n'est pas assez d'une victime : il ajoute Dorante à Silvia, Dorante qui parlait d'abord en charmant cavalier, mais qui apprend bientôt à parler et à se taire en homme ; Dorante, dans le tourment aux dernières scènes, devient pour tous les personnages un spectacle. Aussi bien, parmi les jeunes couples de Marivaux, celui-ci nous apparaît-il comme l'un des mieux dessinés. Mais il n'est dans cette pièce aucun personnage qui ne soit imposé par son rôle comme par son caractère : Mario, le frère taquin et le frondeur, Monsieur Orgon, ou la bonhomie paternelle, l'homme qui soupire : "Va, dans ce monde il faut être trop bon pour l'être assez." Les valets eux-mêmes prennent une importance exceptionnelle : indispensables à l'intrigue, précis et fondus tout ensemble dans l'harmonieuse unité de la pièce. C'est précisément le premier caractère de cette comédie, qu'elle soit à la fois si complexe et si simple. Elle recourt à quatre déguisements pour développer une intrigue endiablée ; pourtant tout s'y ramène à la naissance, à l'aveu, et au courage de l'amour. »

Marivaux, Gallimard, 1950.

Paul Gazagne souligne l'importance de la sensualité dans *Le Jeu de l'amour et du hasard* :

« *Le Jeu de l'amour et du hasard* est une comédie écrite avec des paroles chastes exprimant des impulsions ou des tentations qui ne le sont guère. [...] *Le Jeu de l'amour et du hasard* est une surprise de l'amour, non de la tendresse, et c'est l'édulcorer jusqu'à la fadeur, que de n'y voir qu'un duo chaste et distingué au bout duquel Silvia épouse Dorante. Les meilleures comédies de Marivaux sont celles où règne la sensualité, celles où la sentimentalité domine sont languissantes. Il n'y a pas de débat intérieur pour une femme dont les sens ne sont pas troublés ; en revanche, il y en a un, et des plus aigus, lorsque la raison doit lutter contre une tentation charnelle. »

Marivaux par lui-même,
« Écrivains de toujours », Seuil, 1954.

Bernard Dort, renouvelant les approches traditionnelles, développe à propos des personnages de Marivaux la notion d'épreuve :

« Plutôt que de marivaudage, parlons donc d'*épreuve* : déchiré entre ce qu'il est et ce qu'il a été, entre son moi et son sur-moi social, entre ce qu'il voudrait dire et ce qu'il dit, le personnage marivaldien joue pour éprouver l'autre et pour s'éprouver lui-même face à l'autre. [...] Le premier mouvement de l'épreuve est dirigé vers l'autre : est-il digne qu'on l'aime, vaut-il qu'on lui sacrifie, par exemple, l'espoir d'un riche mariage et d'une position élevée, sera-t-il fidèle ? car la surprise ne nous a rien appris de tout cela : elle est de l'ordre de la révélation, non celui de la preuve. Maintenant, il importe de vérifier la surprise par la raison. Nul ne peut hasarder toutes ses certitudes, sa manière de vivre sur l'évidence d'un seul instant : les sens et le regard ont beau avoir été subjugués, cela ne suffit pas pour prendre une décision qui engagera la vie entière. »

« À la recherche de l'Amour et de la Vérité. Esquisse d'un système marivaudien », *Les Temps modernes,* janvier 1962, repris dans *Théâtre public*, Seuil, 1967.

Michel Deguy met l'accent sur le problème de l'émancipation de la femme et ses liens avec le mécanisme du mariage :

« La Silvia du *Jeu de l'amour et du hasard* est sous le coup de *La Colonie* : le mari est un danger. Ça ne peut pas aller de soi "naturel-lement", "naïvement" (I, 1). Il faut que ça passe par la rupture, l'épreuve, le moment d'autonomie d'une femme. Elle parle comme une mère. À d'autres circonstances, l'émancipation de la femme serait de parler comme Lisette [...]. *Dupe de son propre stratagème*, Dorante l'aura été un peu plus longtemps que les autres. Il est mis à l'épreuve par sa ruse plus longtemps que Silvia ; il n'y a plus que lui qui soit abusé, seul, longtemps et presque jusqu'à la fin, dès le moment où il pense, en disant son secret, maîtriser la situation. Les valets seront dupés – ils y ont "cru"! Mais "ces gens-là ne savent pas la conséquence d'un mot". Punis, sans colère. L'épreuve du traves-tissement par échange des conditions sociales ménage l'événement qui aura été la condition mémorable du mariage ; l'épreuve accumule une source d'énergie inépuisable dont la vie conjugale vivra (Silvia à son père : "Si vous saviez combien tout ceci va rendre notre union aimable ! Il ne pourra jamais se rappeler notre histoire sans m'aimer ; je n'y songerais jamais que je ne l'aime. Vous avez fondé notre bonheur pour la vie en me laissant faire.") Jusqu'à la belle déclaration d'amour à la fin : parade amoureuse conduite par Marivaux jusqu'à ce que ces deux âmes le satisfassent. Escalier d'aveux jusqu'à la plus belle déclaration. Cérémonie des fiançailles. »

La Machine matrimoniale ou Marivaux,
« Tel », Gallimard, 1981.

Une étude récente insiste sur la dimension psychosociale du *Jeu* :

« Une lecture plurielle du *Jeu de l'amour et du hasard* nous permet d'affirmer que Marivaux va beaucoup plus loin que son siècle. [...] Le grand mérite de Marivaux, donc, est de nous avoir suggéré un sentiment de légère inquiétude concernant cette tranche sociale en mutation. Jusqu'où irait ce bouleversement ? et qu'en adviendrait-il si les gueux, ceux de la canaille comme se plaisait à les appeler dédaigneusement Voltaire, dont font partie Arlequin et Lisette, si les gueux donc prenaient au sérieux le jeu auquel on les a fait participer ?

La réponse nous est fournie par Silvia elle-même ; l'héroïne de la pièce, parlant de sa suivante Lisette, nous confie : "Je frissonne encore de ce que j'ai entendu dire. Avec quelle impudence les domestiques ne nous traitent-ils pas dans leur esprit ? Comme ces gens là nous dégradent ! Je ne saurais m'en remettre ; je n'oserais songer aux termes dont elle s'est servie, ils me font toujours peur." Personne, surtout pas ces comtesses et ces marquis au charme désuet, ne pouvait se douter à ce moment de la gravité de ces conséquences, sauf un visionnaire comme Marivaux. En attendant, rebroussant chemin, l'auteur du *Jeu* laisse gambader Arlequin sur la scène, avant que le rideau ne se ferme sur sa joyeuse boutade : "Allons saute Marquis !"

[...] mise en garde discrète d'un Marivaux profondément perspicace, pour une société insouciante et frivole qui va fatalement à sa propre perte. Marivaux contemplateur, au même titre sinon plus que Molière, avec son regard pénétrant, aurait-il pu entrevoir les signes avant-coureurs d'un bouleversement social qui fermentait déjà dans l'esprit de Lisette ou celui d'Arlequin ? Aurait-il eu une sorte de vision apocalyptique, celle de la grande peur qui va marquer la seconde moitié de ce siècle pourtant si optimiste par sa foi totale dans les "Lumières" ? »

Gusine Gawdat Osman, « Quand les gueux mènent le jeu »,
Marivaux et les Lumières. L'Homme de théâtre et son temps,
Publications de l'Université de Provence, 1996.

Les principales mises en scène

Joué par les comédiens-italiens même après leur fusion avec l'Opéra-Comique, *Le Jeu de l'amour et du hasard* entre au répertoire du Théâtre-Français en 1796.

Le spectacle empreint de mouvement et de fantaisie laisse place à des mises en scène plus dépouillées qui accordent la priorité au texte et mettent en avant la psychologie des personnages, répondant à un souci classique de la mise en scène. L'abandon du caractère « italien » s'était déjà traduit par le nom d'Arlequin en Pasquin, aux résonances françaises, tout en gardant la rime avec *faquin*.

La pièce devance par le nombre de représentations *Les Fausses Confidences* à partir du milieu du XIXe siècle. Mais elle reste figée dans l'interprétation qu'en a donnée pendant plusieurs années « Mlle Mars », monstre sacré de l'époque, qui jouait Silvia. C'est dans le même rôle que s'illustre Sarah Bernhardt à ses débuts (19 octobre 1866).

Avec les représentations données entre 1910 et 1939 par Xavier de Courville dans son théâtre de la Petite-Scène, on redécouvre progressivement les vertus du jeu à l'italienne, mais c'est surtout Jean-Louis Barrault qui renoue avec la tradition de la pantomime.

Des metteurs en scène de théâtre, comme Jean Vilar, Roger Planchon ou Patrice Chéreau, mettent l'accent sur les antagonismes sociaux, l'affrontement des conditions inégales. Dans le même esprit, Marcel Bluwal adapte la pièce pour la télévision, en 1967, en la transposant dans les plantations de Louisiane, avant la guerre de Sécession.

D'autres metteurs en scène ont réintroduit le masque, qu'il s'agisse de celui de la commedia dell'arte comme Robert Gironès (théâtre Gérard-Philipe, 1984) ou d'Alfredo Arias, qui joue sur le mot « singer » (théâtre de la Commune, Aubervilliers, 1987). *Le Jeu de l'amour et du hasard* reste l'une des œuvres les plus jouées de Marivaux (elle a été représentée plus de 1 400 fois à la Comédie-Française) et continue de susciter l'intérêt des grands metteurs en scène contemporains, tels que Jacques Kraemer ou Jean-Pierre Vincent.

Laissons le mot de la fin à Jacques Lassalle, metteur en scène :

« Je contemple une fois de plus le portrait que fit de lui Van Loo en 1753. Il a soixante-cinq ans et il ne publie pratiquement plus. Mais le sourire est sans rides. S'agit-il d'un sourire d'ailleurs ? D'un éclair de pensée plutôt dont l'ironie, très vite réprimée, laisse une braise dans le regard et ourle la bouche en un pli légèrement moqueur. Il me semble l'entendre : "Vous êtes devenus, les uns et les autres, si savants à mon endroit, que je ne sais plus si je pourrais encore vous donner la réplique. Mais peut-être dans cet intérêt que vous ne me lésiniez pas aujourd'hui, entre-t-il autant de malentendus que dans le délaissement poli où l'on m'abandonnait hier ? Cela au fond n'importe guère. Je voudrais toujours être lu et représenté avec étonnement, ce même étonnement que j'eus à découvrir le monde, et moi dans le monde. C'est de cet étonnement primordial que sont nés mes personnages. Tous m'ont posé la même question : 'Que m'arrive-t-il ?' À tous j'ai fait la même réponse : 'Il vous arrive d'être. Vous êtes ce qui vous arrive. Ce que vous savez, c'est que vous êtes. Ce que vous ne savez pas, c'est qui vous êtes.' "

Lire Marivaux, représenter Marivaux, c'est partir de cette ignorance-là. À l'arrivée vous ne l'aurez probablement pas dépassée. Mais en chemin, à vous aussi, il vous sera arrivé d'être. Marivaux ou la seconde naissance. »

Jacques Lassalle, préface à l'édition du *Jeu de l'amour et du hasard*, Le Livre de Poche, 1985.

Compléments notionnels

Aparté

Réplique qu'un personnage s'adresse à lui-même et que seul le public est censé entendre. Ce procédé théâtral permet au spectateur de connaître les sentiments des personnages. Contrairement au monologue, l'aparté se distingue par sa brièveté et son intégration au reste du dialogue.

Burlesque

Forme de comique outrée employant des expressions triviales pour parler de réalités nobles ou élevées. Le burlesque désigne également un genre littéraire, apparu au XVIIᵉ siècle en réaction contre les règles classiques.

Champ lexical

Regroupement des mots d'un texte se rattachant à une même notion.

Contrepoint

Par analogie avec le terme musical, la structure dramatique en contrepoint présente des intrigues parallèles qui se correspondent selon un principe de contraste (la double intrigue des maîtres et des valets par exemple).

Dénouement

Résolution des obstacles constituant le nœud de l'intrigue, qui s'accompagne du passage du malheur au bonheur (comédie) ou du bonheur au malheur (tragédie).

Didascalies

Ensemble des indications scéniques précisant le jeu et les gestes de l'acteur ou encore les éléments du décor (généralement en italique dans le texte).

Dilemme

Alternative devant laquelle un personnage se trouve placé lorsqu'il est mis en demeure de choisir entre deux solutions contradictoires et également inacceptables.

Dramaturgie

Ensemble des éléments de la structure et de l'écriture qui sont spécifiques au genre théâtral.

Drame

Nom d'un genre théâtral apparu au XVIIIᵉ siècle dont l'action généralement pathétique s'accompagne d'éléments réalistes et familiers. Refusant les genres de la comédie et de la tragédie classique, le drame bourgeois, dont le terme s'est imposé avec Diderot, vise à émouvoir et à édifier le spectateur.

Euphémisme
Manière d'exprimer de façon atténuée une réalité brutale ou choquante.

Exposition
Partie au début de la pièce dans laquelle sont présentés les éléments de base de l'intrigue et les personnages.

Farce
Pièce comique, courte en général, qui utilise des procédés très voyants pour faire rire le public. Genre populaire.

Honnête homme
Idéal du XVIIe siècle. Désigne un homme poli, cultivé, agréable en société.

Hyperbole
Figure de style qui consiste à exprimer une idée en des termes excessifs, outrés, afin de la mettre en relief.

Intrigue
Ensemble des actions formant le nœud de la pièce.

Ironie
Procédé rhétorique qui consiste à suggérer autre chose que ce que l'on dit, à des fins comiques. L'antiphrase est un cas particulier d'ironie consistant à dire le contraire de ce que l'on pense ou de ce que l'on veut faire penser.

Lazzi
Terme de la commedia dell'arte. Improvisation faite de contorsions, de grimaces, de comportements burlesques, servant à caractériser comiquement le personnage (à l'origine Arlequin). Les meilleurs lazzi étaient souvent fixés dans le canevas et intégrés dans le texte à partir du XVIIe siècle.

Libertinage
1. Courant de pensée au XVIIe siècle affirmant l'autonomie morale de l'homme libre par opposition à l'homme soumis à l'autorité religieuse.
2. Conduite immorale, associée aux plaisirs charnels.

Litote
Figure de style qui consiste à dire le moins pour faire entendre le plus.

Lumières
Courant philosophique et littéraire dominant la pensée européenne du XVIIIe siècle et caractérisé par une grande confiance en la raison et en la capacité de progrès de l'humanité.

Lyrisme
1. Poésie destinée à être mise en musique.
2. Manière poétique et passionnée d'exprimer des sentiments intimes et des émotions.

Métaphore

Figure de style qui consiste à employer un terme concret pour exprimer une notion abstraite, par substitution analogique sans mot comparatif. La métaphore filée poursuit l'analogie sur plusieurs termes.

Métonymie

Figure de style qui consiste à désigner un objet par un autre élément du même ensemble, en vertu d'une relation suffisamment nette (la partie pour le tout, la cause pour l'effet, le contenant pour le contenu, le lieu pour la chose, etc.).

Modalités (de la phrase)

Terme grammatical qui renvoie à l'attitude du locuteur par rapport à son énoncé. Il existe quatre modalités de la phrase affirmative (énoncé donné pour vrai), interrogative (mise en débat de l'énoncé), jussive (exécution requise du contenu de l'énoncé) et exclamative (réaction affective face à la situation considérée).

Néologisme

Création d'un mot nouveau ou emploi d'un mot dans un sens nouveau.

Niveau de langue

On en distingue habituellement trois, le langage populaire, le langage courant ou familier, le langage soutenu ou châtié.

Nœud

Terme du vocabulaire théâtral qui renvoie à l'ensemble des obstacles et des péripéties qui s'opposent aux intentions des personnages.

Occurrence

Apparition d'une unité linguistique (mot, son, tournure) dans le discours.

Parodie

Imitation satirique d'une action ou d'une œuvre sérieuse.

Pathétique

Qui émeut vivement, excite une émotion intense.

Péripétie

Événement imprévu qui modifie soudainement la situation dans une œuvre dramatique (coup de théâtre).

Périphrase

Figure de style qui consiste à exprimer une notion par plusieurs mots qu'un seul pourrait désigner.

Préciosité

Mouvement intellectuel et littéraire du XVIIe siècle se caractérisant par la recherche du raffinement dans l'expression et le jeu des sentiments. Les Précieuses luttèrent aussi pour l'émancipation des femmes par l'accès au savoir.

Quiproquo

Méprise qui fait qu'on prend une personne ou une chose pour une autre ; situation qui en résulte.

Tirade

Longue réplique que prononce un personnage sans être interrompu par un autre.

Unités (règle des trois)

Règle de la dramaturgie classique selon laquelle une pièce ne doit développer qu'un seul sujet (unité d'action), doit se dérouler dans un même endroit (unité de lieu) et ne pas excéder vingt-quatre heures (unité de temps).

Bibliographie

Éditions

• F. Deloffre, *Marivaux, Théâtre complet*, 2 volumes, coll. « Classiques Garnier », Bordas, 1989.

• M. Gilot, *Marivaux, Théâtre complet*, « Bibliothèque de la Pléiade », Gallimard, 1993.

Sur le théâtre

• M. Corvin, *Dictionnaire encyclopédique du théâtre*, Bordas, 1991.

• P. Larthomas, *Le Langage dramatique*, Armand Colin, 1972.

• P. Pavis, *Dictionnaire du théâtre : termes et concepts de l'analyse théâtrale*, Éditions Sociales, 1986.

• J.-P. Ryngaert, *Introduction à l'analyse du théâtre*, Bordas, 1991.

• A. Ubersfeld, *Lire le théâtre*, Éditions Sociales, 1977.

Sur Marivaux

• M. Deguy, *La Machine matrimoniale ou Marivaux*, « Tel », Gallimard, 1981.

• F. Deloffre, *Une préciosité nouvelle, Marivaux et le marivaudage*, Armand Colin, 1955, rééd. en 1971.

• B. Dort, « À la recherche de l'amour et de la vérité, esquisse d'un système marivaudien », *Théâtre public 1953-1966*, Seuil, 1967.

• P. Pavis, *Marivaux à l'épreuve de la scène*, Publications de la Sorbonne, 1986.

• *Marivaux et les Lumières. L'Homme de théâtre et son temps*, Actes du colloque international d'Aix-en-Provence, Publications de l'Université de Provence, 1996.

Sur *Le Jeu de l'amour et du hasard*

• C. Eterstein, *Le Jeu de l'amour et du hasard. Analyse critique*, Hatier, 1984.

• P. Pavis, notes et commentaires à l'édition du Livre de Poche, Hachette, 1985.

Filmographie

• *Le Jeu de l'amour et du hasard*, téléfilm de Marcel Bluwal, 1967.

• *Le Jeu de l'amour et du hasard*, mise en scène de Jean-Paul Roussillon, INA/Comédie-Française, 1976.

CRÉDIT PHOTO : p. 7 Coll Archives Larbor/T • p. 28 Et reprise en page 8 Ph. © Comédie Française/T • p. 32 Ph. © INA/T • p. 43 Ph. © Enguérand/T • p. 70 Ph. © Bernand/T • p. 93 Ph. © Enguérand/T • p. 122 Ph. © INA/T • p. 126 Ph. © INA/T • p. 137 Ph. © Perreau/INA • p. 138 Ph. © Hachette/T • p. 150 Ph. © INA/T.

Direction de la collection : Pascale MAGNI.
Direction artistique : Emmanuelle BRAINE-BONNAIRE.
Responsable de fabrication : Jean-Philippe DORE.
Textes révisés par Patricia GUÉDOT.

Compogravure P.P.C. – Impression : MAME. N° 01042104. Dépôt légal 1re édition : avril 1999. Dépôt légal : juin 2001. N° de projet : 10085895 (IV) 75.